W0072051

Ursula Friederikje Rücker

Das Kommunikationsbuch für Erzieherinnen

Methoden und Tipps für gute Gespräche mit Kindern, Eltern und Kolleginnen

DON BOSCO

Gerne nehmen wir Ihre Anregungen, Wünsche, Kritik oder Fragen entgegen:
Don Bosco Medien GmbH, Sieboldstraße 11, 81669 München
anregungen@donbosco-medien.de
Servicetelefon: (089) 48008-341

Bibliografische Information der Deutschen Nationalbibliothek

Die Deutsche Nationalbibliothek verzeichnet diese Publikation in der
Deutschen Nationalbibliografie; detaillierte bibliografische Daten sind
im Internet über http://dnb.d-nb.de abrufbar.

1. Auflage 2013 / ISBN 978-3-7698-2020-1
© 2013 Don Bosco Medien GmbH, München
www.donbosco-medien.de
Umschlag und Illustrationen: Liliane Oser, Hamburg
Layout: ReclameBüro, München
Produktion: Don Bosco Druck & Design, Ensdorf

Gedruckt auf umweltfreundlichem Papier

Inhalt

Vorwort

Dieses Buch wollte ich schon lange schreiben. Seit 1990 leite ich Seminare für Erzieher und Erzieherinnen, Lehrkräfte, Sozialpädagogen und Therapeuten, die sich mit den Themen Kommunikation, Entspannung für Kinder und/oder Erwachsene sowie mit Burnout-Prävention beschäftigen. Diese Seminare sind in der Regel so lebhaft und bunt, wie die Teilnehmer selbst, ganz besonders gilt das für Seminare mit Erzieherinnen.

Das berufliche Handlungsfeld pädagogischer Fachkräfte ist sehr anspruchsvoll. Ich habe auch nicht den Eindruck, als seien die Arbeitsbedingungen für Erzieherinnen inzwischen leichter geworden. Eher im Gegenteil. Die an Sie gestellten Ansprüche und damit auch der Druck haben sich erhöht. Als Erzieherin haben Sie tagtäglich mit sehr vielen und überdies sehr verschiedenen Menschen unterschiedlichen Alters, unterschiedlicher Nationalität und unterschiedlicher Bildungsgrade zu tun. Kommunikation gehört deshalb zu Ihren Schlüsselkompetenzen und ist nicht zuletzt deshalb „ein großes Thema".

Dieses Buch wendet sich ganz besonders an Erzieherinnen, ist aber im Grunde auch auf Beziehungen und Gespräche im Berufsalltag anderer pädagogischer Fachkräfte übertragbar. Es bietet Ihnen eine *leicht anwendbare* Kommunikationsstrategie an, die den vielfältigen Situationen in Ihrem beruflichen Handlungsfeld gerecht wird. Sie können diese Methode bei Kindern ebenso anwenden, wie bei Erwachsenen. Bei spontanen Reaktionen im Alltagstrubel ist sie ebenso hilfreich wie bei gut vorbereiteten Gesprächen mit Einzelpersonen oder Gruppen. Und auch die telefonische Konversation wird mit ihr „bewusster" gestaltet.

„Wir können nicht *nicht* kommunizieren." An dieser Aussage des österreichischen Kommunikationswissenschaftlers und Psychotherapeuten Paul Watzlawick orientieren sich die Inhalte dieses Buches. Mit meinen Ausführungen möchte ich Sie für die Reiz-Reaktions-Prozesse sensibilisieren, die bei der zwischenmenschlichen Kommunikation ablaufen. Mein Wunsch ist, dass Sie ein feineres Gespür für Ihre individuelle Art entwickeln, mit anderen Menschen in Beziehung zu treten und ein Gespräch zu führen. Ich möchte Sie dabei unterstützen, eine harmonische Gesprächsatmosphäre zu schaffen, damit Konflikte entschärft, offene Worte gesagt und gute tragfähige Beziehungen zum Wohle aller wachsen können. Wie Sie noch sehen werden, betrachte ich die gute Beziehung oder die „gemeinsame Wellenlänge" als den wichtigsten Aspekt, um überhaupt ein vernünftiges sachliches Gespräch führen zu können. Alle Kommunikationsstrategien, die ich kenne und schätze, beruhen auf dieser Grundannahme.

Sie finden in diesem Buch
- Hintergrundinformationen, die Ihnen wichtige Zusammenhänge zwischen Kommunikation, Wahrnehmung und Beziehungsgestaltung vermitteln,
- neue wissenschaftliche Erkenntnisse, die insbesondere die hier vorgestellte „Spiegeltechnik" verbaler und nonverbaler Kommunikation in ein ganz besonderes Licht stellen, vor allem in Bezug auf die kindliche Entwicklung.
- viele Beispiele von Kommunikationssituationen aus dem pädagogischen Alltag,
- praktische Übungen, die den Transfer in Ihren beruflichen Alltag und den Umgang mit KollegInnen, Eltern und Kindern erleichtern sollen.

Gleichzeitig ist es mir ein großes Anliegen, auf die Bedeutung menschlicher Werte wie Achtsamkeit, Verbundenheit und Wertschätzung hinzuweisen. Ohne diese besonderen Eigenschaften ist es selbst mit der raffiniertesten Kommunikationstechnik unmöglich, eine wirklich gute und tragfähige Beziehung herzustellen und gute Gespräche zu führen. Insbesondere Sie als pädagogische Fachkraft, die Sie tagtäglich im intensiven Kontakt mit Kindern stehen, sind ein wichtiges Vorbild. Kinder haben durch ihr natürliches Nachahmungsbedürfnis eine ungeheuer feine Wahrnehmung für die Dinge und die Menschen um sie herum. Dabei orientieren sich Kinder weniger an dem, was Sie Ihnen sagen, sondern viel mehr an dem, was Sie *tun*. Ein Kita-Team, das sich im persönlichen Umgang miteinander, gegenüber den Eltern und natürlich auch in Beziehung zu den Kindern selbst um eine achtsame und wertschätzende Kommunikation bemüht, zeigt damit, auf welche Werte es ankommt. Nur so entwickeln Kinder neben den sprachlichen Fähigkeiten, sich auszudrücken und sich verständlich zu machen, auch emotionale und soziale Kompetenzen wie Mitgefühl, ihr Selbstwertgefühl und die Fähigkeit zur Autonomie. Es zeigt sich, dass Teams, die sich auf den Weg gemacht haben, diese Art der bewussten Kommunikation zu pflegen, eine unmittelbare positive Veränderung und auch weniger Stress in den Beziehungen unter Erwachsenen und Kindern erleben. Es lohnt sich also, sich Zeit für die Entwicklung kommunikativer Kompetenzen zu nehmen.

In diesem Sinn wünsche ich Ihnen viel Freude beim Lesen, beim Üben und beim Anwenden der vorgestellten Methoden und Tipps.

Ursula Friederikje Rücker

Was ist Kommunikation?

Kommunikation ist mehr als ein Gespräch

Überall dort, wo Menschen zusammenkommen, findet Kommunikation statt. Deshalb ist der Begriff „Kommunikation" in unserer Alltagssprache längst zu einem festen Bestandteil geworden. Wohl die meisten Menschen denken dabei automatisch an gesprochene Worte, mit deren Hilfe bestimmte Informationen von der sprechenden an die zuhörende Person weitergegeben werden. Allerdings nehmen die Probleme in der Kommunikation ihren Anfang in der Annahme, dass es reicht, dieselbe Landes- oder Muttersprache zu sprechen. Ein Blick auf die vielen Missverständnisse, die im oft Gesprächsverlauf entstehen, macht deutlich, dass Kommunikation offenbar nicht ganz so einfach ist. Missverständnisse können das tägliche Leben nicht nur enorm verkomplizieren, sie sind auch frustrierend. Wir Menschen brauchen das Gefühl, gehört und verstanden zu werden. Wenn es um unsere Ansichten, Bedürfnisse und um unsere tiefsten Gefühle geht, müssen wir uns Aufmerksamkeit und Gehör verschaffen können. Dies ist Teil unserer Natur und die Voraussetzung für unsere persönliche und soziale Entwicklung. Es gibt wohl keine tiefere Enttäuschung, als das Gefühl: „Der oder die Andere versteht mich einfach nicht!" Wir wollen uns in unserem tiefsten Wesen zum Ausdruck bringen dürfen und uns darin erkannt und angenommen fühlen. Dazu brauchen wir die Fähigkeit zu kommunizieren.

> **Dass wir miteinander reden können, macht uns zu Menschen.**
> **Karl Jaspers**

Kommunikation ist nicht nur ein „Gespräch"; es geht um viel mehr als nur darum zu „sprechen" und zu „hören". Glauben wir der Kommunikationsforschung, so setzt sich der Vorgang der Verständigung folgendermaßen zusammen:

- zu 7 Prozent aus Worten;
- zu 38 Prozent aus der Tonalität, damit sind Tonfall, Sprechgeschwindigkeit, Tonlage und Lautstärke gemeint;
- zu 55 Prozent aus der Körpersprache, also Augenkontakt, Gesichtsausdruck, Färbung der Haut, Atmung, Körperhaltung, Gesten, Berührungen bzw. das Einhalten von Distanz usw.

Man kann nicht *nicht* kommunizieren!

Diese Aussage stammt von dem bekannten österreichischen Kommunikationswissenschaftler und Psychotherapeuten Paul Watzlawick. (Paul Watzlawick: Menschliche Kommunikation, [12]2011). Sobald wir einen anderen Menschen in unserem Umfeld wahrnehmen und dieser auch uns registriert hat, reagieren wir auf die Signale des Gegenübers und es beginnt der Prozess der Kommunikation. Jegliches Verhalten hat nach Watzlawick kommunikativen Charakter. Niemand kann sich nicht verhalten, d. h. wir verhalten uns auch, wenn wir überhaupt nichts tun. Nichts zu tun, ist eine bewusste persönliche Entscheidung und Verhaltensweise, die ihrerseits von der anderen Person wahrgenommen und interpretiert wird. Sämtliche Verhaltensweisen – handeln oder nicht handeln, reden oder schweigen, Blickkontakt aufnehmen oder nicht – haben also Kommunikationswert. Wir kommunizieren zu einem großen Teil auch nonverbal und unbewusst.

Jede Kommunikation hat einen Inhalts- und einen Beziehungsaspekt

Auch diese Aussage ist ein Grundsatz aus der Kommunikationstheorie Watzlawicks, wobei der Beziehungsaspekt den Inhaltsaspekt bestimmt. Bei jeder inhaltlichen Aussage schwingt also immer auch mit, welche emotionale Beziehung vom

Sender gesetzt wird und wie der Sender die Information verstanden haben will. Der Inhalt einer Mitteilung ist beispielsweise die Information „Die Tür ist zu!". Gleichzeitig wird die Art und Weise, wie diese Information übermittelt wird, dafür sorgen, dass beim Informationsempfänger bestimmte Emotionen aufkommen. Ein erfreuter Unterton bewirkt beim Empfänger ein Gefühl von Erleichterung: „Ein Glück, die Tür ist zu. Ich habe alles richtig gemacht!" Eine eisige Miene vermittelt dagegen Schuldgefühle: „O je, die Tür ist zu!" Dieser emotionale Anteil berührt die Beziehungsebene. Für das gegenseitige Verständnis ist die Art der Beziehung zwischen den beiden Gesprächspartnern von entscheidender Bedeutung.

Der 7 %ige Wortanteil transportiert Informationen auf der Inhalts- oder Sachebene. Die weiteren 93 % der kommunikativen Signale sind vorwiegend tonale und körpersprachliche Botschaften (z. B. Lächeln, Wegblicken ...) und haben etwas mit der Beziehungsebene der Gesprächspartner zu tun.

Die verbale Kommunikation

Obwohl die gesprochenen Worte nach dem oben beschriebenen Kommunikationsmodell nur einen Anteil von 7 % am Kommunikationsprozess haben, sind sie dennoch mehr als nur begriffliche Umschreibungen der Welt, in der wir leben. Denn auch Worte erlauben einen individuellen Interpretationsspielraum. Wohl jeder kennt die Aussage zu dem „halbvollen" bzw. dem „halbleeren" Glas Wasser. Faktisch handelt es sich bei beiden Beschreibungen um dieselbe Menge Wasser im Glas. Dennoch entstehen unterschiedliche Gefühle. Das Wort „halbleer" transportiert Gefühle, die mit Mangel zu tun haben. Das Wort „halbvoll" löst ein positives Gefühl der Fülle aus. Durch unsere Wortwahl erreichen wir das Gefühlsleben anderer Menschen – und dies unabhängig davon, ob wir laut oder leise, freundlich oder unfreundlich sprechen (siehe auch *Die richtige Wortwahl,* Seite 96ff).

Gesprochene Worte können also durchaus die Wirkung einer Handlung haben. Wir sprechen nicht umsonst davon, dass Worte „Balsam für die Seele" sein und trösten können. Worte können „Kraft schenken" und motivieren. Worte können auch „Ohrfeigen" sein und zutiefst verletzen. Und selbst Ratschläge können wie „Schläge" sein. Worte haben eine spürbare Dynamik und Kraft. Vergessen Sie nie: Wohl gewählte Worte wirken!

Kommunikationsgrundsätze

1. Man kann nicht *nicht* kommunizieren.
2. Jede Kommunikation hat einen Inhalts- und einen Beziehungsaspekt.
3. Der Beziehungsaspekt wiegt gegenüber dem inhaltlichen bedeutungsschwerer und wird überwiegend nonverbal ausgedrückt.

Die nonverbale Kommunikation

Die 93 % körpersprachlicher Botschaften bestimmen die Kommunikation in einem hohen Maße mit. Mit ihnen kann man Inhalte erklären, Worte ersetzen, das Gesagte betonen und nuancieren und Bedeutsames hervorheben. Gefühle werden damit sichtbar gemacht. Mit den körpersprachlich zum Ausdruck gebrachten Gefühlen wird auch die Beziehung zum Gesprächspartner gestaltet. So fließen zwischen den Kommunizierenden nicht nur sachliche Informationen hin und her, sondern auch Sympathie, Verständnis, Mitgefühl, Antipathie und Statusgehabe. Die Gesprächspartner beeinflussen sich kontinuierlich gegenseitig, sie reagieren aufeinander und bestim-

men so den Gesprächsverlauf. Die nonverbalen Signale sind im zwischenmenschlichen Bereich auch deshalb von großer Bedeutung, weil sie über ihren Einfluss auf unsere Gefühle auch Einfluss auf unsere Befindlichkeit haben.

Manchmal kommt es vor, dass verbale und nonverbale Signale nicht übereinstimmen oder sich sogar widersprechen, so etwa, wenn jemand auf die Frage „Wie geht es dir?" mit „Mir geht es gut!" antwortet, dabei aber einen unzufriedenen oder traurigen Gesichtsausdruck zeigt. Man bezeichnet dies auch als „inkongruente" Kommunikation. Im Gegensatz dazu nennt man eine in sich stimmige Kommunikation „kongruent". Wenn die verbalen und nonverbalen Signale nicht übereinstimmen, neigt der Kommunikationspartner dazu, den nonverbalen Signalen mehr Glauben zu schenken. Er orientiert sich also eher am Gesichtsausdruck oder am Tonfall, als an der inhaltlichen Mitteilung seines Gegenübers.

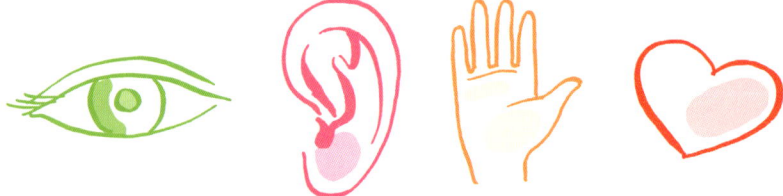

Bewusst kommunizieren

Wenn wir uns bewusst machen, dass wir im Grunde permanent (beabsichtigt oder unbeabsichtigt) kommunizieren und dass jede Kommunikation auch noch die Qualität unserer sozialen Beziehungen beeinflusst, werden wir für unser persönliches Auftreten im sozialen Umfeld sensibler. Fragen Sie sich ruhig an dieser Stelle:

- Mit welchem Gesichtsausdruck gehe ich auf andere zu (freundlich oder verschlossen)?

- Wie betrete ich einen Raum (forsch oder schüchtern)?
- Wie höre ich anderen Menschen zu (nicke ich bejahend – oder sitze ich mit verschränkten Armen und undurchsichtiger Miene einfach nur da)?

Denken Sie darüber nach, ob Ihr Auftreten Ihre Kommunikation unterstützt oder stört.

Da die nonverbale Kommunikation so bedeutungsschwer ist und zudem auch noch den Beziehungsaspekt ausdrückt, wird ihr in diesem Buch besondere Aufmerksamkeit gewidmet. Sie haben die Sprache, Ihre Tonalität und Ihre Körpersprache zur Verfügung. Wenn Sie lernen, diese Kommunikationsmittel „bewusst" einzusetzen, werden Sie Missverständnisse und Kommunikationsfallen vermeiden und den Gesprächsfluss und Ihre Kommunikationsabsicht unterstützen.

Wahrnehmung gestaltet Kommunikation

Ich glaube, das größte Geschenk, das ich von jemandem bekommen kann, ist, dass er mich sieht, mir zuhört, mich versteht und mich berührt. Das größte Geschenk, das ich einem anderen Menschen machen kann, ist, ihn zu sehen, ihm zuzuhören, ihn zu verstehen und ihn zu berühren. Wenn das gelingt, habe ich das Gefühl, dass wir uns wirklich begegnet sind.

Virginia Satir

Unsere Wahrnehmung ist selektiv

Wahrnehmung ist das, was wir „für wahr nehmen". Die Welt in der wir leben, wird uns durch unsere fünf Sinne zugänglich gemacht. Sie liefern uns ständig akustische, optische und weitere Reize. Unser Gehirn verarbeitet unablässig diese Informationen aus unserer Umgebung. Zusätzlich laufen zahllose Meldungen über unseren augenblicklichen körperlichen Zustand in die Schaltzentrale unseres Bewusstseins. Wir können diese riesige Flut an Informationen nicht vollständig aufnehmen, verarbeiten und speichern. Um sich vor Reizüberflutung zu schützen, sorgt unser Gehirn dafür, dass wir hauptsächlich solche Informationen bewusst wahrnehmen, die für uns von Bedeutung sind. Unser Gehirn nutzt also Wahrnehmungsfilter und sortiert Informationen aus, ohne dass wir es registrieren, man spricht daher von „selektiver Wahrnehmung".

1999 führten die beiden Harvard Psychologen Christopher Chabris und Daniel Simons ein interessantes Experiment durch (http://www.theinvisiblegorilla.com/videos.html). Sie führten den Teilnehmern ein Video vor, welches zwei Teams zeigt,

die sich auf engem Raum jeweils einen Ball zuwerfen. Die Zuschauer erhielten den Auftrag, die Ballkontakte eines der beiden Teams zu zählen. Nach einer knappen Minute endete die Vorführung. Zwar hatten die Zuschauer gewissenhaft die Ballkontakte gezählt, wurden aber mit der Frage konfrontiert, ob sie den Gorilla gesehen hätten. Im Video spazierte während des Ballspiels ein Schauspieler in einem Gorilla-Kostüm in dem kleinen Raum umher. Er ging an den einzelnen Ballspielern vorbei, stellte sich auffällig in die Mitte, trommelte auf seine Brust und verschwand dann wieder. Da die Zuschauer so sehr auf den Ball und auf das Zählen der Ballkontakte fixiert waren, nahmen die wenigsten den Gorilla wahr. Mit diesem Experi-

ment bewiesen die beiden Psychologen, dass wir uns auf unsere Wahrnehmung nicht absolut verlassen können. Je nachdem, worauf wir unsere Aufmerksamkeit und Konzentration richten, kann es geschehen, dass wir bestimmte Informationen schlicht und ergreifend übersehen (oder überhören), selbst wenn sie so eindrucksvoll wie ein Gorilla sind.

Unsere Umgebung liefert uns im Grunde genommen das Rohmaterial, aus dem unsere Sinnesorgane Informationen beziehen, die dann vom Gehirn verarbeitet werden. Wir nehmen die Welt, in der wir leben, nicht 1:1 wahr, sondern immer nur einen Ausschnitt davon. Diese Art der selektiven Wahrnehmung orientiert sich auch an unseren Wünschen und an mehr oder weniger bewussten Zielen. Hegen wir einen Babywunsch oder sind wir bereits schwanger, scheint plötzlich die ganze Welt nur noch aus Schwangeren, Neugeborenen und Kinderwagen zu bestehen. Sind wir mit hungrigem Magen im Auto unterwegs, haben wir kaum noch Interesse für die schöne Landschaft um uns herum, sondern achten verstärkt auf Hinweisschilder für Raststätten. In diesem Fall hilft uns die selektive Wahrnehmung, aus den vielen verschiedenen Umweltreizen die „richtigen" herauszufiltern und Wesentliches von Unwesentlichem zu unterscheiden.

Faktoren wie Intelligenz, gesundheitliche Verfassung, Müdigkeit, Stress, Ärger, Ängste und Sorgen haben ebenfalls einen Einfluss auf die Qualität unserer Wahrnehmung. Unsere Wahrnehmung ist daher keine reine Abbildung der Realität, sondern das Ergebnis filternder Verarbeitungsprozesse unseres Gehirns. Diese Wahrnehmungsfilter beeinflussen auch – von uns ebenfalls völlig unbemerkt – die Nutzung unserer Sinnesfunktionen.

Unsere Sinne – Tore zur Welt der Wahrnehmung und Kommunikation

Jeder gesunde Mensch verfügt über fünf Sinnesorgane, die als „Tore zur Welt" wirken. Die Augen, Ohren und der Tastsinn nehmen mit 95 % den Löwenanteil der Informationen auf. Im Vergleich dazu spielen der Geruchs- und der Geschmackssinn mit einem 5 %igen Wahrnehmungsanteil eine eher untergeordnete Rolle, sind selbstverständlich aber auch wichtig. Die einzelnen Sinneskanäle nutzt jeder Mensch zu unterschiedlichen Anteilen.

Unsere Wahrnehmung bestimmt unsere Kommunikationsinhalte. Wir können und wollen uns über die Dinge unterhalten, die wir sehen, hören, tasten, riechen und schmecken. Wir können und wollen uns auch über die Dinge austauschen, die uns wichtig sind, über Wünsche, Werte, Träume, Ängste, Sorgen, über das, worüber wir

nachdenken und was uns in irgendeiner Weise beschäftigt. Unsere Wahrnehmung stellt also den Schlüssel zur Kommunikation dar. Unsere Art der Wahrnehmung bestimmt aber nicht nur die Kommunikationsinhalte, vielmehr bestimmt die Art unserer Wahrnehmung auch die Art und Weise der Kommunikation.

Jeder Wahrnehmungstyp weist folglich auch bestimmte Kommunikationsmerkmale auf. Wenn es darum geht, ein entspanntes Gesprächsklima zu schaffen, ist das Wissen darum sehr hilfreich. Die im nächsten Kapitel vorgestellten Wahrnehmungstypen und damit verbundenen Kommunikationsstile sind modellhaft zu verstehen. Sie dienen der Orientierung, keinesfalls geht es darum, individuelle Menschen in Schubladen zu stecken. Deshalb spreche ich im Folgenden meist auch vom „vorwiegend" oder „eher" visuellen, auditiven oder kinästhetischen Menschen bzw. vom visuell, auditiv, kinästhetisch „orientierten" Menschen.

Kommunikationsstile bei Erwachsenen und Empfehlungen für das Gespräch

Im Folgenden werden die drei verschiedenen Wahrnehmungstypen und ihr Kommunikationsstil erläutert und Merkmale bei Erwachsenen zusammengestellt, die es Ihnen erleichtern, den jeweiligen Kommunikationsstil Ihres Gegenübers zu erkennen. Die daran anschließenden Hinweise und Tipps wollen Sie unterstützen, im Gespräch mit den unterschiedlich gearteten Eltern und auch im Team die individuell unterschiedlichen Kommunikationsvorlieben zu berücksichtigen und auf die kommunikativen Bedürfnisse des Gesprächspartners zu antworten.

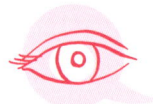 # Der vorwiegend visuelle Wahrnehmungstyp und sein Kommunikationsstil

Merkmale

Das äußere Erscheinungsbild

Es wird sicherlich niemanden überraschen, dass Menschen mit einer ausgeprägten visuellen Wahrnehmung auch sehr auf ihr eigenes persönliches Aussehen achten. Da wird nichts dem Zufall überlassen. Sie betrachten ihr Erscheinungsbild als eine Art Visitenkarte, mit der sie der Welt zeigen können, wer sie sind und was ihnen wichtig ist. Das bedeutet nun nicht, dass ein visueller Mensch immer betont gepflegt, teuer gekleidet oder sehr schick sein muss. Die Geschmäcker sind verschieden. Ein sportlicher Mensch mag ein sportliches Outfit, allerdings wird es bei einem visuellen orientierten Menschen eher „stylisch" aussehen. Betont lässige Kleidung kann ebenfalls Bestandteil einer eher alternativen ökologischen Imagepflege sein.

Körpersprache und Gestik

Im Gespräch beziehen sich visuell orientierte Menschen auf ihre visuellen Eindrücke. Im Versuch, diese innere Bilderwelt für den Gesprächspartner möglichst anschaulich zu machen, nutzen viele ihre Körpersprache und unterstreichen ihre

Worte. Wenn also beispielsweise von einer Puppe die Rede ist, so werden die Maße der Puppe mit den Händen veranschaulicht. Geht es um ein „großes" Problem, so wird dies auch mit einer großen Geste deutlich gemacht. Dreht sich das Gesprächsthema um Gefühle, so drücken sich diese häufig klar erkennbar in der Mimik aus. Im Gegensatz dazu gibt es aber auch visuelle Menschen, die eine auffallend sparsame Körpersprache zeigen und mit einem unbewegten Gesichtsausdruck und „Pokerface" betont „cool" wirken (möchten).

Augenbewegungsmuster

Visuelle Menschen machen sich im wahrsten Sinne des Wortes ein „Bild" von der Welt. Wenn es z. B. darum geht, einen Text auswendig zu lernen, werden die dargestellten Inhalte vor dem inneren Auge regelrecht „abfotografiert" und im Gehirn als Bild gespeichert. Es gibt wahre Meister unter ihnen, die sich so umfangreiches Wissen aneignen, welches sie dann bildhaft abrufen können. Wenn sich ein visuell orientierter Mensch an bestimmte Ereignisse, Menschen oder Sachverhalte erinnert oder über aktuelle Angelegenheiten nachdenkt, so startet er Suchprozesse in jenem Teil des Gehirns, der für das Abspeichern bildhafter Informationen zuständig ist. Deshalb bewegen sich seine Pupillen im Gespräch häufig und immer wieder nach oben links, oben Mitte oder oben rechts (vgl. Kobler 1995, S. 74ff).

Es kann auch vorkommen, dass visuell Orientierte im Gespräch den Blick in die Ferne richten – als schauten sie ins Leere. Sie sehen dann regelrecht am Gesprächspartner vorbei. Lassen Sie sich davon nicht irritieren. Dies ist keine Unhöflichkeit und sie sind auch nicht geistig abwesend. Vielmehr entspricht dieses Verhalten dem Bedürfnis, sich Gesprächsinhalte szenisch als inneren Film vorzustellen, so können sich diese Menschen besser auf das Gespräch konzentrieren und einlassen.

Sprachmodalität

„Ein Bild sagt mehr als tausend Worte." Die visuelle Wahrnehmung ist sehr reich und vielfältig. Da visuell orientierte Menschen während des Sprechens die Fülle

ihrer eigenen inneren Bilderwelt abrufen und möglichst vollständig darstellen wollen, sprechen sie oft ungemein schnell und häufig auch mit einer eher monotonen Stimmlage.

Verhalten bei Ärger und Aufregung

Visuelle Menschen werden ärgerlich, wenn sie glauben *„übersehen"* zu werden und wenn sie keine *Beachtung* finden. Dann sprechen sie zumeist noch schneller, als sie es ohnehin schon tun und *gestikulieren dramatisch.* Sie machen eine regelrechte *„Szene"* und nutzen den berühmten *„tödlichen Blick".*

Wortfamilie und Redewendungen:

großartig, kleinkariert, sehen, zeigen, schleierhaft, düster, strahlend, einleuchtend, veranschaulichen, Überblick, Ansicht, Vision, Perspektive, beobachten, klar, trüb, i-Tüpfelchen, offensichtlich, zielen, Aspekt, Durchblick, Einblick, Aufsicht, Einsicht, Absicht, tageslichttauglich, glänzend, aufblitzen, ausmalen, Fokus, unscharf, verschwommen, Erleuchtung, Horizont.

„Ich sehe das so", „mir scheint", „eine Vision haben", „anderer Ansicht sein", „das sieht gut aus", „ich finde", „der blinde Fleck", „in einem anderen Licht sehen", „unter die Lupe nehmen", „sich ein Bild machen", „einen groben Überblick haben", „ins Auge fassen", „etwas einsehen", „lass mal sehen", „grau in grau", „rosa Brille", „schwarz sehen", „ein heller Kopf", „einen anderen Blickwinkel einnehmen".

Begrüßungs- und Verabschiedungsworte:

„Wie schön, Sie zu *sehen*.“
„Auf Wieder*sehen!*“
„Wir *sehen* uns.“

Offene Fragen, die im Gesprächsverlauf hilfreich sein können:

„Konnten Sie sich ein *Bild* von … machen?“
„Das sieht doch ganz gut aus, meinen Sie nicht?“
„Welcher *Ansicht* sind Sie?“

Begegnung und Gespräch mit einem visuellen Elternteil

▶ *Zeigen* **Sie sich im besten Licht**

Visuell orientierte Menschen sind scharfe Beobachter. Sie werden genau Ihr äußeres Erscheinungsbild registrieren. Damit ist nicht nur Ihre Bekleidung gemeint, sondern auch Ihre Körpersprache. Verschränkte Arme oder ein gelangweilter Gesichtsausdruck können als Signale für Desinteresse oder Unfreundlichkeit interpretiert werden. Visuell orientierte Menschen lassen sich dadurch mehr als andere verunsichern und fühlen sich dann unwohl. Noch schlimmer wird es, wenn Sie sich im Gespräch abwenden. Umgekehrt können eine offene Körperhaltung, ein freundliches Gesicht oder ein bejahendes Nicken für einen guten Gesprächsverlauf sorgen.

▶ *Zeigen* **Sie visuell orientierten Eltern, dass sich ihr Kind in Ihrer Kita wohlfühlen kann**

Laden Sie visuell orientierte Eltern zu einem Rundgang durch die Einrichtung ein: „Wenn Sie möchten, können Sie sich hier gerne mal *umschauen.*" – verbinden Sie diese Worte mit einer deutlich *sichtbaren, einladenden* Geste! Weisen Sie auf alles *Sehenswerte* hin: die bewusste Auswahl der Farben, die Fotos der Mitarbeiterinnen und der Kinder, Bilder und Bastelarbeiten der Kids, Qualitätszertifikate. Visuelle Menschen brauchen Ordnung und *Übersicht*, um sich an einem Ort wohlfühlen zu können. Als Eltern wünschen sie sich dies natürlich auch für ihr Kind. Da visuelle Menschen sich ohnehin selbst einen *Einblick* verschaffen möchten, können Sie sich in ihrer verbalen Darstellung ruhig kurz fassen. Achten Sie trotzdem im Gespräch darauf, dass Sie vorwiegend *visuell orientierte Worte und Redewendungen* nutzen. Seien Sie versichert, dass diese Eltern Sie auch genau beobachten, ob Sie in der Lage sind, den Überblick zu bewahren und ob Sie auch Ihren Kollegen und den Kindern ein freundliches *Gesicht zeigen*. Sie können die Eltern zu einem Kommentar einladen und sagen: „Ich hoffe, dass unsere Einrichtung Ihren *Vorstellungen* entspricht."

▶ **Krisen- oder Entwicklungsgespräche mit visuell orientierten Eltern**

Wenn Sie sich auf das Gespräch vorbereiten, halten Sie Dokumente bereit, damit die Eltern hier selbst *Einsicht* nehmen können. *Klarheit*, *Übersicht* und *Ordnung* sind wichtige Schlüssel zu einem guten Gespräch. Schon im ersten Begegnungsmoment können Sie die Weichen stellen. Bleiben Sie sich bewusst, dass Ihre Körperhaltung und Mimik zwar unausgesprochene, aber sichtbare Botschaften sind, mit denen Sie Ihr Interesse den Eltern gegenüber zeigen können – oder eben auch nicht. Hier ist der Moment, an dem Sie schon jetzt sehr viel für die gute Beziehung zu den Eltern tun können. Deshalb nehmen Sie sich die Zeit und schauen Sie die Eltern bei der Begrüßung direkt an. Eine deutliche einladende Geste beim Betreten des Raumes oder die *sichtbare* Einladung Platz zu nehmen, bahnt den Weg zu einer entspannten Gesprächsatmosphäre. Sagen Sie den Eltern ruhig, dass Sie sich freuen, sie zu *sehen*. Und dann kommen Sie auf den Anlass Ihres Treffens zu sprechen. Wenn Sie eine bestimmte Fördermaßnahme für das Kind gutheißen, *präsentieren* Sie diese Maßnahme kurz und *präzise* und weisen Sie mit *Blick in die Zukunft* auf *Perspektiven* hin. Fragen Sie ruhig nach, ob Sie sich *klar genug* ausgedrückt haben. Wenn es darum geht, Eltern für ein bestimmtes Projekt zu begeistern und eventuell auch an ihre Bereitschaft zur Mitwirkung zu appellieren, dann sprechen Sie am besten von einer *Vision. Malen* Sie mit Worten. Visuell geprägte Eltern helfen gerne, wenn es um die *optische Gestaltung* geht.

Im Gespräch kann es gut sein, dass visuelle Menschen plötzlich auf Abstand gehen: im Stehen treten sie einen Schritt zurück; sitzend wird entweder der Stuhl zurückgerückt oder sie lehnen sich zumindest zurück, um Abstand vom Geschehen zu nehmen! Lassen Sie sich davon nicht irritieren. So wie ein Bild nur aus einer gewissen Entfernung wirklich betrachtet werden kann, möchte sich ein visueller Mensch instinktiv auf diese Art einen Überblick über die Gesamtsituation verschaffen.

Die visuelle pädagogische Fachkraft

... im Umgang mit den ihr anvertrauten Kindern

Eher visuelle Fachkräfte bemühen sich in der Regel um die optische Gestaltung des Kindergartens. Sie sind diejenigen, die die persönlichen Fächer der Kinder und die Haken der Kindergarderobe nicht nur mit den Namen der Kinder, sondern auch mit deren Fotos versehen. Als visuelle Menschen wissen sie, dass die Fotos den Kindern bei der *Orientierung* helfen können. Sie haben auch genaue *Vorstellungen* davon, wie ein *schöner* und *ansehnlich* gestalteter Gruppenraum *aussehen* sollte. Ich schreibe hier sehr bewusst, dass sie „auf Ideen kommen" und „genaue Vorstellungen haben". Es sind nicht unbedingt diejenigen Kolleginnen, die handwerklich ambitioniert sind und dann auch entsprechend aktiv werden. Für die Umsetzung finden sich dann ja vielleicht die kinästhetisch orientierten Kolleginnen.

Allerdings sind visuelle Menschen oft und auch gerne kreativ. Unter ihrer Anleitung wird gemalt und getöpfert; Farben und Formen sind wichtiger Bestandteil der visuellen Welt. Mit ihnen zusammen kreieren die Kinder eigene Ordner oder Mappen, die die wichtigsten Erlebnisse und Erinnerungen dokumentieren und die immer wieder mit Fotos oder Bildern aktualisiert werden. Eine vorwiegend visuelle Erzieherin bastelt auch ganz gerne an einem *schön gestalteten* Kalender für den Gruppenraum, der übersichtlich auf bevorstehende Geburtstage und geplante Aktivitäten *hinweist,* oder sie schmückt den Gruppenraum für ein Geburtstagskind. Sie freut sich einfach über die *leuchtenden Augen* des Kindes. Sie verfolgt selbst das Geschehen um sich herum mit wachen Augen. Heikle Situationen erkennt sie auf einen Blick. Ist ein Kind traurig, so kann sie seinen Kummer *in seinen Augen lesen*. Im Umgang mit den Kindern setzt sie ihren Gesichtsausdruck und ihr Lächeln bewusst ein. Sie nutzt den *Blickkontakt*, um Kinder zu trösten, zu motivieren oder auch zu ermahnen. Sie nutzt ihn auch für Lob und Anerkennung. Hier finden Sie den „*strengen Blick*" ebenso wie das vergnügte „*Augenzwinkern*" und den „*verschwörerischen* Blick".

Visuelle Erzieherinnen neigen dazu, den ihnen anvertrauten Kindern *die Welt zeigen* zu wollen.

... als Kollegin und im Team

Wie alle visuellen Menschen brauchen auch vorwiegend visuelle Erzieherinnen Klarheit. Klarheit in Beziehungen, Klarheit in Bezug auf ihr Aufgabengebiet, klare Strukturen in der Einrichtungsorganisation. Und sie werden für diese *Klarheit, Struktur* und *Ordnung* auch selbst sorgen wollen. Unordnung und Chaos rauben ihnen den *Überblick* und die *Einsicht* und somit den letzten „(Seh)Nerv".

Eine Info-Wand, an der die wichtigsten Termine und weitere Informationen über*sichtlich* dargestellt sind, ist für die visuelle Fachkraft genau das Richtige, denn sie dient der Orientierung. Bei der Vermittlung von bestimmten Arbeitsschritten oder Fachinhalten an ihre Kollegin oder bei einem Elternabend verwendet sie

gerne Bilder, Übersichtskarten, Übersichtstafeln, Grafiken, Dia-
projektoren oder auch PC und Beamer. Sie möchte die Informationen und Fakten *anschaulich präsentieren* können.
Wenn es im umgekehrten Fall darum geht, sich über bestimmte Inhalte zu informieren, *zieht sie es ebenfalls vor*,
sich selbst *ein Bild davon zu machen*. Ein wortreicher
Vortrag macht sie eher ungeduldig. Rein mündliche
Erklärungen reichen ihr in der Regel nicht aus, sie wird
selbst *Einblick* in die erforderlichen Unterlagen nehmen
wollen; so kann sie die Informationen am besten aufnehmen und verarbeiten.

Grundsätzlich haben visuell Orientierte den richtigen *„Blick
für das Notwendige"*. Ob bei einem Teamgespräch oder
einem Elternabend: ihren *scharfen Augen* entgeht nichts.

Lob und Anerkennung – Kritik

Lob und Anerkennung muss man visuellen Erzieherinnen *zeigen*. Achten Sie auf Ihren Gesichtsausdruck. Selbst das wortreichste Lob ist aus der Sicht einer
visuellen Erzieherin nichts wert, wenn Ihre Mimik dabei gleichgültig wirkt oder Sie
sich im Gespräch sogar abwenden. Einen bunten Blumenstrauß und eine hübsche
Grußkarte mit einem „Danke" für die jahrelange Mitarbeit kann man sehen. Den
Blumenstrauß kann man sogar fotografieren und sich das Foto zusammen mit der
Grußkarte immer mal wieder in einem ruhigen Moment *anschauen* und sich daran
freuen.

Umgekehrt neigen visuell orientierte Erzieherinnen auch dazu, ihrerseits Lob, Wertschätzung und Anerkennung – aber auch Kritik – *augenscheinlich* und *sichtbar zu
zeigen*.

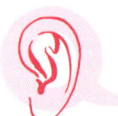

Der vorwiegend auditive Wahrnehmungstyp und sein Kommunikationsstil

Merkmale

Das äußere Erscheinungsbild

Ein „typisches" Erscheinungsbild im Sinne einer besonderen Kleiderwahl ist mir bei eher auditiven Menschen nicht bekannt. Es kann aber gut sein, dass Sie einen auditiven Menschen ohnehin zuerst hören (Pfeifen, Selbstgespräche) und dann sehen.

Körpersprache und Gestik

Auditive Menschen wirken häufig so, als würden sie eine innere Musik hören. Selbst wenn sie einfach nur dasitzen und warten, wippen sie dabei womöglich rhythmisch mit dem Fuß und wiegen den Körper.

Im Gespräch beziehen sie sich auf alles Gehörte. Sie unterstreichen gerne mit Händen und Füßen die eigene Sprachmelodie. Gleichzeitig neigen sie leicht den Kopf, als wollten sie dem Gesprächspartner ihr „Ohr leihen". Dabei halten sie manchmal Blickkontakt und manchmal nicht. Weil sie keinen Blickkontakt brauchen, bringen es auditive Menschen durchaus fertig, sich mitten im Gespräch abzuwenden und dem Gesprächspartner den Rücken zuzudrehen. Ihrem *Verständnis* nach ist dieses Verhalten völlig in Ordnung, denn schließlich können sie sich ja weiterhin *unterhalten* und *hören*. Von daher sind auditive Menschen auch in Bezug auf das Nähe- und Distanzverhalten sehr flexibel. Solange sie in „*Hör- oder Rufweite*" sind, ist die Welt in Ordnung.

Für den Gesprächsverlauf bedarf es unbedingt einer *hörbaren „Bejahung"*. Ein einfaches nonverbales Nicken mit dem Kopf wird nicht wirklich ernst genommen, sofern es überhaupt wahrgenommen wird.

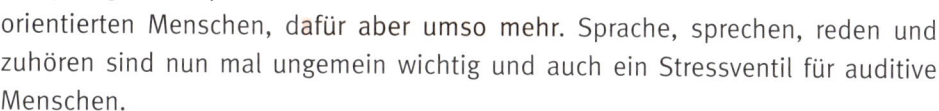

Augenbewegungsmuster

Wenn sich ein auditiver Mensch an bestimmte Ereignisse, Menschen oder Sachverhalte erinnert oder über ein aktuelles Anliegen reflektiert, startet er Suchprozesse in jenem Teil des Gehirns, der für das Abspeichern gehörter Informationen zuständig ist. Aus diesem Grund bewegen sich die Pupillen dieser Menschen im Gespräch häufig und immer wieder auf der Augenmittellinie nach links und rechts. Für den Gesprächspartner sieht es so aus, als würden die Pupillen von einem Ohr zum anderen wandern und wieder zurück (vgl. Kobler 1995, S. 74ff).

Sprachmodalität

Auditive Menschen haben oft eine angenehme und melodiöse Stimme. Bei manchen erinnert die Sprache an eine Art „Singsang". Sie sprechen nicht so schnell wie die visuell orientierten Menschen, dafür aber umso mehr. Sprache, sprechen, reden und zuhören sind nun mal ungemein wichtig und auch ein Stressventil für auditive Menschen.

Verhalten bei Ärger und Aufregung

Nichts macht auditive Menschen wütender, als das Gefühl, nicht „gehört" zu werden oder nichts zu sagen zu haben. Sie sind ohnehin nicht immer sonderlich diplomatisch und wenn sie sich ärgern oder aufregen, nutzen sie ihre „scharfe Zunge" und können ganz schön „wortgewaltig" werden. Und häufig werden sie auch laut. Sie sind durchaus diskussionsfreudig, lieben „Wortgefechte" und halten anderen gerne „Vorträge". Manchmal hören sie gar nicht mehr auf zu reden. Sie können aber auch ihre „Ohren auf Durchzug" stellen und sehr „beredt schweigen".

Wortfamilie und Redewendungen:

Harmonie, hören, zuhören, sagen, erzählen, flüstern, Wortschwall, Wortgefecht, Donnerwetter, Lagebesprechung, Stimmen, stimmig, einstimmen, erklären, lauschen, Klick, hörbar, Einklang, Echo, Hörweite, Widerhall, knistern, Zustimmung, einflüstern, Verständnis, brummig, Unkenrufer, Grundsatzdiskussion.

„Verständnis haben", „das ist unerhört", „die Ohren schwirren", „taube Ohren", „ich verstehe das so", „einverstanden sein", „brummig sein", „im Einklang sein", „das klingt gut", „Musik in den Ohren", „das hört sich gut an", „ausgesprochen gut", „ich sage mir", „auf den guten Ton achten", „die erste Geige spielen", „hellhörig sein", „näher hinhören", „sich einstimmen", „leeres Geschwätz", „lass mal hören", „das schreit zum Himmel", „eine leise Ahnung haben", „gefährlich leise", „in den höchsten Tönen", „sang-und klanglos", den Marsch blasen", „die Stimme der Vernunft", „also, wie schon gesagt", „ins Wort fallen".

Beispiele für Begrüßungs- und Verabschiedungsworte:

„Schön, endlich mal wieder voneinander zu hören!"
„Schön, endlich mal wieder miteinander zu sprechen!"
„Wir hören voneinander."

Offene Fragen, die im Gesprächsverlauf hilfreich sein können:

„In welchen Punkten stimmen Sie mit mir überein?"
„Das hört sich doch ganz gut an – oder?"
„Sind Sie damit einverstanden?"

Begegnung und Gespräch mit einem auditiven Elternteil

▶ **Haben Sie ein „*offenes Ohr*" und achten Sie „*auf den guten Ton*".**

Auch wenn auditive Menschen den Eindruck erwecken, sie würden lieber selbst sprechen statt zuzuhören – täuschen Sie sich nicht! Sie sind *ausgezeichnete Zuhörer*! Für das *Gesagte* und das *Unausgesprochene* sind sie außerordentlich *hellhörig*. Sie können „*das Gras wachsen hören*" und reagieren sensibel auf *feinste Zwischentöne*. Am Telefon können sie selbst bei fremden Gesprächspartnern mühelos *heraushören*, ob diese beim Sprechen lächeln oder nicht. Ein ungeduldiger *Unterton* oder auch eine ungenaue *Wortwahl* bewirken rasch einen ungünstigen Gesprächsverlauf. Umgekehrt sorgen eine klare *Ansage* und eine präzise Wortwahl für eine bessere *Verständigung*. Eine *angenehme Stimme* kann für eine gute *Stimmung* sorgen. Auditive Menschen schätzen die *verbale Verständigung* sehr. Sie können sich Gesprächsinhalte bestens merken und werden Sie daher auch gerne „*beim Wort nehmen*".

▶ **Unterhalten Sie sich mit auditiven Eltern und sagen Sie ihnen, dass sich ihr Kind in diesem Kindergarten wohlfühlen kann.**

Wenn Sie mit auditiv orientierten Eltern ins Gespräch gehen, kommen Sie am besten gleich zur Sache: „Wunderbar, ich freue mich, dass wir endlich persönlich miteinander *sprechen* können. Haben Sie vielleicht schon *Fragen*?" Beantworten Sie die Fragen ausführlich, aber effizient. Wahrscheinlich werden sich diese Eltern nach Projekten wie „musikalische Früherziehung", „Sprachförderung" oder auch nach einem „Ruheraum" erkundigen. Im Gespräch können Sie dann mit den Eltern von einem Raum zum anderen gehen. Es ist nicht unwahrscheinlich, dass auditive Eltern die Besichtigung mit Kommentaren und „Ah's" und „Oh's" begleiten. Rechnen Sie damit, dass sie auch mit *Ratschlägen* nicht sparen werden. Durch Ihr höfliches Nachfragen zeigen Sie Ihrerseits Interesse an den Ideen des Gegenübers.

Nutzen Sie im Gespräch vorwiegend Worte und Redewendungen aus der entsprechenden Wortfamilie. Seien Sie versichert, dass diese Eltern auch genau hören, welcher *Umgangston* zwischen Ihnen und Ihren Kollegen herrscht und wie *harmonisch* sie mit den Kindern umgehen. Wenn Sie den Kindern geduldig *zuhören* und ebenso geduldig und mit *freundlicher Stimme* ihre Fragen *beantworten* und Sachverhalte gut *erklären*, werden Sie die *Zustimmung* auditiver Eltern erhalten.

Krisen- oder Entwicklungsgespräche mit auditiven Eltern

Wenn Sie sich auf das Gespräch vorbereiten, sorgen Sie im Vorfeld dafür, dass Sie sich ungestört unterhalten können. Auditive Menschen lassen sich durch akustische Störquellen leicht ablenken und irritieren. Lärm im Umfeld oder auch ein quietschender Stuhl können den Gesprächsverlauf ungünstig beeinflussen. Schalten Sie deshalb das Telefon aus, sagen Sie den Kolleginnen Bescheid und halten Sie dieses Meeting am besten in einem ruhigen Raum ab. Bleiben Sie sich bewusst, dass in Ihrer Stimme und Tonalität insbesondere für auditive Eltern sehr wichtige zusätzliche Informationen mitschwingen, die sich auf ihre zukünftige Beziehung auswirken. Deshalb achten Sie stets auf einen freundlichen Unterton in Ihrer Stimme, denn: *„Der Ton macht die Musik"*. Teilen Sie auditiven Eltern ausdrücklich mit, dass Sie sich über das persönliche Gespräch sehr freuen, und kommen Sie dann möglichst ohne Umschweife zur Sache. Vermeiden Sie Monologe und fordern Sie die Eltern immer wieder auf, Fragen zu stellen. „Ich hoffe, das *klingt* für Sie gut!". Hören Sie wirklich aufmerksam zu. Manchmal schweifen auditive Menschen vom Thema ab; dann nehmen Sie den Gesprächsfaden einfach wieder auf: „Also, *wie schon gesagt ...*"

Wollen Sie Eltern für ein bestimmtes Projekt zu begeistern und eventuell auch an ihre Unterstützungsbereitschaft appellieren, dann sprechen Sie sie am besten direkt an und bitten Sie um ihren *Rat*: „Vielleicht haben Sie eine Idee, wie wir das *verbessern* könnten?" Auditive Eltern sind gerne behilflich, wenn es um Aufgaben im Bereich der Kommunikation und Öffentlichkeitsarbeit geht.

Die auditive pädagogische Fachkraft

... im Umgang mit den ihr anvertrauten Kindern

Vorwiegend auditive Erzieherinnen sind gute *Geschichtenerzählerinnen* und *erklären* gekonnt und ausführlich. Das macht sie bei den Kindern recht beliebt. Sie kümmern sich auch gerne um die sprachliche Entwicklung der Kinder. Geduldig werden deren sprachlichen Defizite verbessert. Es gibt in Kindertageseinrichtungen vielfältige Angebote, um den Spracherwerb der Kinder zu fördern. Trotzdem sind Alltagsgespräche mit Kindern in Kitas keine Selbstverständlichkeit. Studien ergaben, dass in vielen Einrichtungen auch Vorschulkinder nur sehr unzureichend zu einem Gespräch angeregt werden. Der verbale Austausch zwischen Erzieherinnen und Kindern beschränkt sich auf kurze Aufforderungen und die Vermittlung von Informationen. Selbst dann, wenn Kindern eine Frage gestellt wird, wird auf ihre Antwort nicht gewartet (vgl. Weltzie /Kebbe 2011, Seite 154). Da auditive Menschen ihre Handlungen gerne verbal begleiten und sich grundsätzlich gern unterhalten, dürften sie hier eher zu den rühmlichen Ausnahmen gehören. Sie haben meistens eine angenehme Stimme und musikalisches Interesse, dass sie ebenfalls im Kindergartenalltag einsetzen. Da sich eine auditive Erzieherin selbst auch über hörbare Zeichen der Liebe und Sympathie freut, erlernen die Kinder unter ihrer Anleitung Lieder und Gedichte, die sie dann an Weihnachten und zum Muttertag zu Hause aufsagen oder vorsingen können. Sie hat ein offenes Ohr für die Bedürfnisse und Nöte der Kinder. Ist ein Kind traurig oder ängstlich, wirkt sie mit beruhigender Stimme auf ihren Schützling ein. Überhaupt ist sie stimmlich im Gruppengeschehen aktiv dabei.

Auditive Erzieherinnen neigen dazu, den ihr anvertrauten Kindern *die Welt erklären* zu wollen.

... als Kollege / Kollegin und im Team

Auditiv orientierte Menschen müssen ihre *Meinung sagen* können, damit sie sich mit ihrer Umwelt wohl und in *Übereinstimmung* fühlen – auch am Arbeitsplatz. Sie schätzen den *verbalen Austausch*, den freien *Vortragsstil* und offene *Diskussionen*, zumal sie sich durch das Verbalisieren des Sachverhalts mental sortieren können. Arbeits- und Projektgruppen sind für sie ideal und sie lieben das Brainstorming. Wenn es darum geht, anderen bestimmte Sachverhalte oder Arbeitsschritte verständlich zu machen, *erklären* sie gerne und wortreich. Manchmal sind sie etwas langatmig und schweifen vom Thema ab. Wenn sie selbst neue Zusammenhänge oder Aufgabengebiete erklärt bekommen, neigen sie dazu, die gestellte Aufgabe oder die Erklärung *mit eigenen Worten* noch einmal zu wiederholen.

Grundsätzlich können sich auditive Menschen Gesprächsinhalte ausgesprochen gut merken und diese oft wortgetreu wiedergeben. Sie müssen sich keine Notizen machen. Wenn sie Erinnerungshilfen nutzen, dann eher akustische Geräte. Egal welcher Gesprächsanlass: ihren *feinen Ohren* entgeht nichts.

Lob und Anerkennung – Kritik

Lob und Anerkennung sollte man auditiven Erzieherinnen gegenüber klar *aussprechen*. Seien Sie dabei ruhig wortreich. Auch ein herzliches „Danke" ist „*Musik in ihren Ohren*". Umgekehrt neigen auditive Erzieherinnen dazu, ihrerseits Lob, Wertschätzung und Anerkennung – aber auch Kritik – deutlich zu formulieren.

Der vorwiegend kinästhetische Wahrnehmungstyp und sein Kommunikationsstil

Merkmale

Das äußere Erscheinungsbild

Kinästhetisch orientierte Menschen sind Gefühlsmenschen. Einige von ihnen haben einen ausgezeichneten Geruchs- oder Geschmackssinn. *Sich in der eigenen Haut wohl zu fühlen* und das *Wohlbefinden* an sich ist für sie wichtig. Deshalb sind sie nicht gerade begeistert, wenn sie sich aufgrund gesellschaftlicher Konventionen in enge oder unbequeme Kleidung zwängen müssen, selbst, wenn es noch so gut aussieht.
Das Erscheinungsbild kann sehr variieren. Es gibt den sportlichen und durchtrainierten Typ. Und es gibt den eher gemütlichen, sinnlichen Typ, der es sich auch gerne gut schmecken lässt und von daher meist weniger sportlich und durchtrainiert aussieht. Alle verbindet die Vorliebe für weiche, bequeme Kleidung.

Körpersprache und Gestik

Kinästhetische Menschen verfügen über ein gutes *Einfühlungsvermögen* und über ein gutes *Gespür* für Situationen. Entscheidungen werden deshalb gerne *aus dem Bauch heraus* getroffen. Im Gespräch sind sie eher sparsam mit Gesten, manchmal machen sie abrupte Bewegungen.
Jeder Mensch braucht eine gewisse körperliche Distanz zu anderen Menschen, wo er sich gerade noch wohl fühlen kann. Kinästhetische Menschen mögen vom

Grundsatz her *Körperkontakt und Berührungen*, sie können sich daher auf mehr *Nähe einlassen* als andere. Wenn aber die *Chemie nicht stimmt*, halten sie deutlich Abstand.

Augenbewegungsmuster

Im Gespräch haben sie ihren Blick häufig nach rechts unten gerichtet. Dies ist kein Ausdruck von Schüchternheit, sondern ein sichtbares Zeichen für bestimmte Suchprozesse im Gehirn und dafür, dass sie mit ihren Gefühlen in Kontakt treten (vgl. Kobler 1995, S. 74ff).

Sprachmodalität

„Packen wir es an, es gibt viel zu tun" ist das Motto der kinästhetischen Menschen. Sie wirken oftmals bedächtig, sprechen meist *langsam* und mit einer eher *tiefen* oder *vollen* Stimme. Kinästhetische Menschen haben ein sehr *reiches Innenleben* und hegen *intensive und tiefe Gefühle.* Manchmal fühlen sie sich von ihrem *Gefühlsleben* regelrecht überrumpelt, so dass ihnen plötzlich die Worte fehlen. Sie sind sparsam mit Worten und formulieren *einfache Sätze.*

Verhalten bei Ärger und Aufregung

Wenn sich vorwiegend kinästhetische Menschen ärgern oder aufregen, *schwillt ihnen der Kamm* – im wahrsten Sinne des Wortes. Jeder im Raum kann ihren Ärger deutlich spüren, selbst wenn sie nichts sagen. Auf jeden Fall gehen sie auf *Abstand,* indem sie sich entweder in sich zurückziehen oder sogar den Raum verlassen. Sie brauchen diesen Abstand, um ihre Gefühle wieder *„runterzufahren",* um sich zu *beruhigen* und ihre Gedanken zu *sortieren.* Danach fühlen sie sich wieder in der Lage, sich auf die Situation und die damit verbundenen Menschen *einzulassen.*

Wortfamilie und Redewendungen:

Ruhe, friedlich, schwerwiegend, zupacken, fühlen, begreifen, eintreten, Standpunkte, annehmbar, erwärmen, runterfahren, belegen, einfühlen, Knackpunkt, schwerfällig, leichtsinnig, hart, Kraft, anpacken, zugreifen, niedergeschlagen, prickelnd, eintrichtern, schweißtreibend, handhaben, Belastung, Erleichterung, umfassend, überstürzt, aufbauend, beißend, aufstacheln, Auftreten, einlassen, Wahlmöglichkeit, Bauchgefühl, Spielverderber, Quertreiber, Dickschädel.

„Ich bin zufrieden", „sich ins Zeug legen", „ich nehme an", „Ich habe das Gefühl", „schwerwiegende Gründe haben", „das fühlt sich gut an", „die Gefühle runterfahren", „für mich liegt das auf der Hand", „wach werden", „sich einer Sache annehmen", „sich für eine Sache erwärmen", „immer mit der Ruhe", „in der Ruhe liegt die Kraft", „da kann ich mitgehen", „schieß mal los", „das lässt mich kalt", „in der Hitze des Gefechts", „auf etwas stoßen", „etwas vom Stapel lassen", „heiß auf etwas sein", „das kratzt mich nicht", „die Kuh muss vom Eis", „sauer sein", „die Nase voll haben", „ein gutes Näschen haben", „ein gutes Gespür haben", „es juckt mich in den Fingern", „jemanden absolut nicht riechen können".

Beispiele für Begrüßungs- und Verabschiedungsworte:

„Schön, dass wir endlich mal zusammenkommen!"
„Schön, Sie zu treffen!"
„Wir bleiben in Verbindung / in Kontakt."

Offene Fragen, die im Gesprächsverlauf hilfreich sein können:

„Ist das eine Lösung nach Ihrem Geschmack?"
„Ich hoffe, Sie sind damit zufrieden – oder?"
„Was fehlt noch, damit Sie gut damit leben können?"

Begegnung und Gespräch mit einem kinästhetischen Elternteil

▶ **Begegnen Sie kinästhetischen Eltern** *spürbar* **einfühlsam und in Ruhe.**

Kinästhetisch orientierte Menschen verfügen über ein sehr gutes Gespür für andere Menschen und Situationen. Sie sind nicht nur fürsorgliche Eltern; sie sind auch sehr wach, was die Bedürfnisse der Erzieherinnen angeht, denn sie sind sensible Kontaktmenschen. Begegnen Sie ihnen warmherzig und offen. Reichen Sie ihnen zur Begrüßung ruhig die Hand. Es kann gut sein, dass Sie fürsorglich nach Ihrem Befinden befragt werden. Umgekehrt wissen kinästhetische Menschen Empathie und Fürsorglichkeit sehr zu schätzen. Vermeiden Sie Zeitdruck oder besser: achten Sie darauf, dass Sie Ihren eigenen Zeitdruck nicht an die Eltern weitergeben. Das gilt sicherlich für alle Eltern, für die kinästhetisch orientierten unter ihnen aber ganz besonders. Sie möchten ihre Ruhe, sie wollen ihren Frieden und sie verabscheuen Stress und Druck.

▶ **Lassen Sie kinästhetische Eltern** *spüren*, **dass ihr Kind bei Ihnen** *in guten Händen* **ist.**

Mit ihrem Sinn für die Annehmlichkeiten des Lebens werden diese Eltern sich vermutlich ganz besonders dafür interessieren, ob das Mittagessen für ihr Kind wohlschmeckend und gesund ist, ob es so etwas wie einen Ruheraum und Rückzugsmöglichkeiten für ihr Kind oder auch ein Bewegungsangebot gibt. Machen Sie wenig Worte und mit den Eltern einen Rundgang durch Ihre Einrichtung. Gehen Sie dabei ruhig auch hinaus in die Außenanlage. Frische Luft wirkt bei Kinästheten wie eine Frischzellenkur, deshalb wissen

diese Eltern Spielmöglichkeiten im Freien sehr zu schätzen. Es ist gut möglich, dass Ihnen bereits beim ersten Kennenlernen praktische Unterstützung angeboten wird. Kinästhetisch orientierte Menschen sind zumeist sehr hilfsbereit, was sie ja auch so liebenswert macht.

Vermeiden Sie ein Überangebot an eigentlich überflüssigen Informationen. Achten Sie im Gespräch darauf, dass Sie vorwiegend *Worte und Redewendungen* aus der entsprechenden Wortfamilie nutzen. Seien Sie versichert, dass diese Eltern auch eine *„sehr gute Nase"* für das zwischenmenschliche *Klima* in Ihrem Team haben. Wenn kinästhetische Eltern sich in Ihrer Nähe und in Ihrer Einrichtung selbst wohl-fühlen, dann geben sie auch ihr Kind gerne in Ihre Obhut. Sie können die Eltern auch zu einem Kommentar ermuntern, indem Sie sagen: „Ich hoffe, dass Sie sich mit dem Konzept unserer Einrichtung *anfreunden* können."

▶ Krisen- oder Entwicklungsgespräche mit kinästhetischen Eltern

Schaffen Sie in Vorbereitung auf ein Elterngespräch ein angenehmes Umfeld. Dazu gehören bequeme Sitzgelegenheiten ebenso wie eine angenehme Raumtempera-tur. Halten Sie Getränke bereit. Planen Sie für das Gespräch genügend Zeit ein. Vermeiden Sie nervöse fahrige Bewegungen und den raschen Blick auf die Uhr. Ki-nästhetische Menschen müssen sich erst einmal mit der Situation *anfreunden* und mit Ihnen *warm* werden, bevor sie wirklich konstruktiv in ein Gespräch *einsteigen* können. Es ist auf jeden Fall hilfreich, wenn Sie die Eltern über den möglichen Zeit-rahmen informieren, dabei aber auch signalisieren, dass Sie über einen zeitlichen Puffer verfügen. Wenn es bei dem Gespräch um eine Entscheidungsfindung geht, vermeiden Sie jeglichen Druck. Schnelle Entscheidungen zu treffen, ist nicht gera-de die Stärke kinästhetischer Menschen. Viele tun sich schwer, von sich aus das Wort zu ergreifen. Deshalb haken Sie im Gespräch ruhig noch einmal nach: „Gibt es da noch etwas, das Ihnen *am Herzen liegt / Sie belastet*?" oder: „Auch wenn es Ih-nen *schwer fällt* darüber zu sprechen – ich habe mir wirklich extra *Zeit für Sie ge-nommen.*" Wenn kinästhetische Menschen einmal eine Entscheidung getroffen

haben, *steht* sie *so fest wie ein Haus*. Sie haben es bei kinästhetischen Eltern zumeist mit sehr zuverlässigen und loyalen Menschen zu tun. Diese Zuverlässigkeit erwarten sie auch von Ihnen. Verbindliche Zusagen und Verabredungen werden mit einem festen Händedruck besiegelt. „Das *Wohl* Ihres Kindes liegt uns allen am Herzen. Ich freue mich, dass wir *an einem Strang ziehen*!"

Wenn, wie im Falle eines Elternabends, viele Eltern anwesend sind, sind die kinästhetischen Eltern unter ihnen nicht die gesprächigsten. Damit sie sich dennoch nicht ausgeschlossen fühlen, ist es wichtig, das Wort direkt an sie zu richten: „Können Sie sich auch mit dieser Idee *anfreunden*?", „Haben Sie vielleicht eine Idee, was wir *tun* könnten?"

Wenn es darum geht, Eltern für ein bestimmtes Projekt zu begeistern und Sie zur aktiven Mithilfe zu ermuntern, werden Sie mit Kinästheten gute Erfahrungen machen. Sie sind hervorragende Teamarbeiter, die „*die Ärmel hochkrempeln*" und „*aktiv anpacken*".

Die kinästhetische pädagogische Fachkraft

... im Umgang mit den ihr anvertrauten Kindern

Vorwiegend kinästhetische Erzieherinnen zeichnen sich durch ihr enormes Einfühlungsvermögen aus. Gerade im Umgang mit Kindern beweisen sie immer wieder ein gutes Gespür und Mitgefühl für die kindlichen Bedürfnisse. Die kinästhetisch geprägte Erzieherin ist diejenige, die ein trauriges Kind spontan auf den Arm nimmt und ihm die Nase putzt – ohne viele Worte. Sie ist diejenige, die einen Frechdachs kommentarlos an die Hand nimmt und so in seinem Übermut stoppt – ohne eine große Ansage. Und sie ist diejenige, die durch ihr Beispiel lehrt, wie schön

es ist, für andere etwas zu tun. In der Regel sind Kinästheten sehr gut geerdet und deshalb auch praktisch veranlagt. Mit ihnen können die Kinder gemeinsam Kuchen und Plätzchen backen, draußen im Garten eine Kräuterspirale anlegen oder überhaupt herumwerkeln.

Kinästhetisch orientierte Erzieherinnen neigen dazu, die ihnen anvertrauten Kinder zu *bemuttern* und ihnen die Welt *begreiflich* zu machen.

... als Kollegin und im Team

Vorwiegend kinästhetische Erzieherinnen sind die „gute Seele" einer jeden Einrichtung, denn sie haben auch ein gutes Gespür für die Bedürfnisse ihrer KollegInnen und sind mitfühlend. Eine kinästhetisch geprägte Erzieherin ist hilfsbereit und sehr loyal. „Es gibt viel zu tun, also packen wir es an" ist ihr Motto. Auf ihre warmherzige Art vermag sie Kinder zu trösten und Eltern Mut zuzusprechen. Sie zeichnet sich durch Fairness und Sportsgeist aus, ihren Kolleginnen ist sie ein guter Kumpel. Wenn ... ja, wenn sie sich nicht gekränkt fühlt. Und dies kann sehr schnell der Fall sein. Häufige Gründe, sich gekränkt zu fühlen, sind die mangelnde Loyalität anderer, das Gefühl, ausgegrenzt oder zurückgewiesen zu werden oder Vertrauensbrüche. Kinästheten brauchen die Gewissheit, dass sie auf ihre Freunde oder Kollegen „bauen" können. Wird dieses Grundbedürfnis erschüttert, „bricht für sie eine Welt zusammen".

Kinästhetisch orientierte Menschen wollen sich natürlich auch an ihrem Arbeitsplatz wohlfühlen. Sie sind es auch, die während einer längeren Teamsitzung Kaffee oder Tee und etwas zum Knabbern wünschen bzw. für ihre Kolleginnen bereitstellen. Sie sind gute Teamarbeiter – mit dem Schwerpunkt auf zusammen „arbeiten". „Die Ärmel hochkrempeln und etwas tun" oder „Learning by doing" ist ihnen lieber als lange Erklärungen. Sie sind kein Freund vieler Worte. In einer Teamsituation ist es wichtig, direkt den Kontakt mit ihnen aufzunehmen, damit sie sich zugehörig fühlen. Ihr Erinnerungsvermögen bezieht sich hauptsächlich auf alles, was sie im wahrsten Sinne des Wortes „begriffen" und „verinnerlicht" haben und dazu brau-

chen sie ihre Zeit. Im Gespräch kann es gut sein, dass kinästhetische Menschen lange überlegen, wenig sagen und auch ihre Abneigung gegen die „Vielredner" kaum verbergen können. Sie haben ein zuverlässiges *Gespür,* wofür sich *ihr Einsatz lohnt* und wofür nicht.

Im Streitfall gehen kinästhetische Menschen wortreichen Auseinandersetzungen lieber aus dem Weg. Es ist nicht so, dass sie nichts zu sagen hätten, aber wenn viele Gefühle auf sie *einstürmen, verschlägt* es ihnen erst einmal die Sprache. Um wieder ein einvernehmliches Verhältnis herzustellen, sind sie bemüht, sich in die andere Person *hineinzuversetzen* und sie zu *beruhigen,* um dann aber möglichst bald das „*Handwerkermützchen aufzusetzen*" und zur *Problemlösung* überzugehen.

Lob und Anerkennung – Kritik

In Bezug auf Lob und Anerkennung muss man kinästhetischen Erzieherinnen das *Gefühl geben*, alles richtig gemacht zu haben. Wenn Sie sich nahestehen, können Sie die betreffende Person einfach in den Arm nehmen oder ihr anerkennend auf die Schulter klopfen.

Wortreiche Ansprachen machen sie verlegen. Bei Lob und Anerkennung brauchen kinästhetische Erzieherinnen das *Gefühl*, dass Ihr Lob ehrlich gemeint ist! Es ist und bleibt der *Körperkontakt*, der Sie glaubwürdig macht. Eine leichte Berührung am Arm, während der Sie ein „Danke" sagen, oder eben auch ein formeller Händedruck wirken Wunder.

Die „bewusste" Kommunikation hat auch etwas mit Selbsterkenntnis zu tun. Konnten Sie beim Lesen der verschiedenen Kommunikationsstile auch Ihren eigenen Stil herausfinden? Vielleicht verfügen Sie auch über eine Mischung von zwei verschiedenen Kommunikationsstilen.

Wahrnehmungswelt und Kommunikation bei Kindern

Ebenso wie bei den Erwachsenen sind auch bereits bei Kindern deutliche Unterschiede im Kommunikationsverhalten zu beobachten, die mit unterschiedlichen Wahrnehmungsmustern in Zusammenhang stehen. Diese sind aufgrund der kindlichen Entwicklung in der Regel wechselnd und vorübergehender Natur; dennoch ist es wichtig, sie aktuell zu erkennen und im Moment darauf einzugehen.

Ich habe den Kindern, ihrer Wahrnehmungswelt und den damit verbundenen Besonderheiten in der Kommunikation nicht ohne Grund ein eigenes Kapitel gewidmet. Kinder befinden sich in der Entwicklung. In gewisser Weise „durchwandern" Kinder im Laufe der Jahre die verschiedenen Wahrnehmungswelten. Bildlich gesprochen sind sie wie Reisende, klei-

Wir sollten lernen,
mit den Augen des Kindes zu sehen,
mit den Ohren des Kindes zu hören,
mit dem Herzen des Kindes zu fühlen.
Alfred Adler

ne „Weltenbummler" die sich auf dem Weg zum Erwachsen-Werden für eine gewisse Zeit im „Fühlland", im „Sehland" und auch im „Hörland" aufhalten. Diese Reise haben wir alle einst angetreten und sind dafür von der Natur bestens ausgestattet. In unserem Reisegepäck befinden sich u.a. sogenannte Spiegelneuronen. Sie gehören zu unserer genetischen Grundausstattung und befähigen schon den Säugling dazu, bereits wenige Tage nach der Geburt mit seinen wichtigsten Bezugspersonen in Kontakt zu treten. „Bei richtig gewähltem Abstand beginnen Säuglinge Stunden bis Tage nach der Geburt, bestimmte Gesichtsausdrücke, die sie sehen, spontan zu imitieren." (Bauer 2006, S. 57f) Dieses spontane Imitationsverhalten („spiegeln") setzt sich das ganze Leben hindurch fort. Deshalb öffnen Eltern spontan ihren Mund, wenn sie ihre Sprösslinge füttern, und das Pflegepersonal tut dasselbe, wenn es z. B. alten Menschen das Essen mit dem Löffel reicht. Solche Spiegelaktionen brauchen immer ein Gegenüber, deshalb sind lebendige Beziehungen zu anderen Menschen und sinnliche Erfahrungen für eine gesunde

Entwicklung auch so wichtig. Kinder wollen lernen und deshalb üben sie instinktiv durch Imitation des Verhaltens anderer Menschen. Dabei geht es nicht nur um rein motorische Abläufe oder das reine „Nachäffen" von Bewegungen. Es geht auch um die damit verbundenen emotionalen Erfahrungen. Auf diese Weise entwickelt das Kind auch soziale und emotionale Kompetenzen wie Selbstvertrauen, Empathie oder Mitgefühl. Je nach den Anreizen, die ein Kind aus seinem Umfeld erhält, taucht es sozusagen in die visuelle, auditive oder kinästhetische Welt ein und zeigt in dieser Zeit vorübergehend die entsprechenden Merkmale, was Wahrnehmungs-schwerpunkte und Kommunikationsvorlieben betrifft.

Im Sinne einer vertrauensbildenden Kommunikation zum Wohle des Kindes kommt es also darauf an, die aktuell am stärksten vertretene Wahrnehmungsart zu erken-nen und diese sinnesspezifische Wahrnehmung dann auch zu nutzen. Schließlich ist sie das Tor zur Welt des Kindes. Hier ist der Weg zum Kind frei und sie können es positiv emotional erreichen. Es geht ganz sicher nicht darum, ein lebendiges ein-zigartiges Kind mit einem Etikett zu versehen und in eine bestimmte Schublade zu stecken! Um den Eindruck einer Festlegung zu vermeiden, spreche ich deshalb auch vom „aktuell" visuellen, auditiven und kinästhetischen Kind.

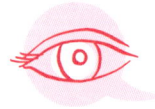

Das aktuell visuelle Kind und die „Welt des Sehens"

Sie können das Seelenleben eines visuellen Kindes am ehesten verstehen, wenn Sie sich in „seiner Welt" aufmerksam umsehen. Diese Welt hat nun mal mit allem Sichtbaren zu tun. Es ist die Welt des Lichts, des Spiels mit Farben, Formen, Schatten und Bildern. Visuelle Kinder verfügen über eine hervorragende Be-obachtungsgabe. Ihren wachen Augen entgeht nichts. Das Sehen ist ein sehr ak-tiver Vorgang. Wir können die Augen öffnen und wir können die Augen vor der Welt verschließen. Wir können jemanden ansehen, wir können aber auch je-

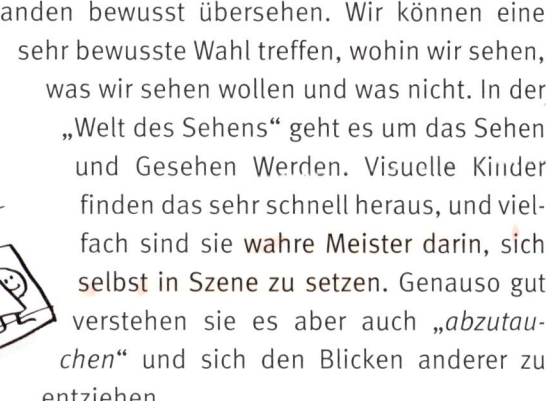

manden bewusst übersehen. Wir können eine sehr bewusste Wahl treffen, wohin wir sehen, was wir sehen wollen und was nicht. In der „Welt des Sehens" geht es um das Sehen und Gesehen Werden. Visuelle Kinder finden das sehr schnell heraus, und vielfach sind sie wahre Meister darin, sich selbst in Szene zu setzen. Genauso gut verstehen sie es aber auch „*abzutauchen*" und sich den Blicken anderer zu entziehen.

Kreativität ist ein wichtiges Stichwort. Visuelle Kinder setzen sich gerne in Szene, deshalb lieben sie Rollenspiele, Pantomime oder auch das Kasperltheater. Sie malen und gestalten gerne. Mit Feuereifer werden Bilder für Mama oder auch die geliebte Erzieherin gemalt. So mancher vierjährige Charmeur weiß ganz genau, dass er mit einer kleinen Blume oder einem hübschen Stein anderen ein sichtbares Zeichen seiner Zuneigung und Freundschaft schenken kann und tut es auch. Dabei wird er sich durch einen prüfenden Blick in das Gesicht und in die Augen der betreffenden Person davon überzeugen, ob es ihm wirklich gelungen ist, eine Freude zu machen.

Häufig haben aktuell visuelle Kinder sehr genaue Vorstellungen davon, was sie anziehen möchten und was nicht. Im Alter von fünf Jahren hatte meine Tochter eine ausgeprägte visuelle Phase. In dieser Zeit bestand sie eigensinnig auf ihrer Kleiderwahl. Jeden Morgen legte sie sich alles auf dem Boden bereit. Passte das gelbe T-Shirt auch zur blauen Jeanshose? Oder vielleicht doch lieber der rote Rock? Und wenn ja, welche Kniestrümpfe …?

Angebote, die den Sehsinn fördern und die Kreativität anregen, werden von visuellen Kindern dankbar angenommen. Sie möchten die Welt im wahrsten

Sinne des Wortes „*besichtigen*". Dazu brauchen sie Anregungen, die ihnen diese neuen Perspektiven auch eröffnen.

Wie sorgt ein aktuell visuelles Kind für Aufmerksamkeit?

Aufmerksamkeit wird durch *Auffälligkeit* erregt. Wenn Sie einen Jungen in Ihrer Kindergruppe haben, der plötzlich mit einem Schnauzbart aus Pinselhaaren und dem Schal der Kindergartenleitung in den Gruppenraum spaziert kommt und eine „*Show abzieht*", handelt es sich garantiert um ein aktuell visuelles Kind, das „*Aufsehen erregen*" möchte. Das Gleiche gilt für ein Kind, dass ganz offensichtlich etwas im Schilde führt und mit *verschmitztem Blick* immer wieder dafür sorgt, dass Sie es im Auge behalten.

Ist ein eher visuelles Kind traurig, verunsichert oder frustriert, so wird es dies *zeigen*. Dazu nutzt es seinen Gesichtsausdruck, die Körperhaltung, und es macht vielleicht eine deutlich *sichtbare Szene*. Beispielsweise wird das Bild, das einfach nicht gelingen will, dramatisch mit schwarz übermalt, zerrissen oder zerknüllt in die Ecke geworfen. Manche Kinder verschwinden plötzlich unter dem Tisch, werden *unsichtbar*, linsen aber durch die Tisch- und Stuhlbeine hindurch und behalten die Reaktionen der anderen Kinder und der Erzieherin sehr wohl im Auge. Andere Kinder drehen sich ostentativ um und *zeigen* Ihnen und den anderen Kindern *die kalte Schulter*, nicht aber ohne ab und zu über die Schulter nach hinten und zu Ihnen zu blicken. Sie fordern durch verschiedenste Aktionen Aufmerksamkeit und Zuwendung ein, immer so, dass andere auch *sehen*, dass etwas nicht stimmt.

Was bringt ein aktuell visuelles Kind aus dem emotionalen Gleichgewicht?

Visuelle Kinder stehen gerne im Mittelpunkt. Umso mehr fühlen sie sich zurückgewiesen und gekränkt, wenn sie (scheinbar) übersehen werden. Auch ein strenger Blick oder ein abweisender oder gleichgültiger Gesichtsausdruck können sie aus dem Gleichgewicht bringen.

Loben, trösten, erklären, ermahnen, ermuntern ...

Visuelle Kinder sind visuell erreich- und ablenkbar. Wenn das Kind irgendwie verstört wirkt, ist es wichtig, dass Sie dem Kind *zeigen, dass Sie es sehen*. Stellen Sie *Blickkontakt* her, indem Sie vielleicht in die Hocke gehen und somit mit dem Kind auf *Augenhöhe* sind. Dann erkundigen Sie sich, was los ist, und versuchen Sie, das Problem zu lösen. Natürlich ist es wichtig, hierbei auf einen freundlichen Gesichtsausdruck zu achten. Ein visuelles Kind nimmt Ihnen Ihr wohlmeinendes Hilfsangebot nur ab, wenn Sie es dabei freundlich *anschauen*! Wenn beispielsweise Heimweh die Ursache für das kindliche Leid ist, dann nehmen Sie sich mit dem Kind seine Mappe vor, betrachten Sie gemeinsam die Bilder, die es darin gesammelt hat. Es wird sich darin bestimmt auch ein Foto von seinen Eltern, Großeltern oder dem besten Freund finden, also von der Person, die es gerade schmerzlich vermisst.

Was wie ein Zauberwort immer hilft, das ist der eigene Name des Kindes. Stellen Sie freundlichen Blickkontakt her, „Na Simon, du siehst traurig aus!", und reichen Sie ihm deutlich sichtbar die Hand: „Komm, wir sehen uns mal dein Lieblingsbuch (deine Mappe) zusammen an!". So schaffen Sie eine Basis des Vertrauens, in denen Ihnen das Kind dann auch anvertrauen kann, was gerade mit ihm los ist.

Da visuelle Kinder ihre Erfolgserlebnisse aus dem sichtbaren Bereich ziehen, ist es sehr wichtig, sie beim Loben anzusehen. Es sind für sie nicht die Worte, die ihnen die so dringend benötigte Anerkennung, Ermunterung und Trost vermitteln, sondern vielmehr ein bestimmter Blick, ein Lächeln, das bejahende Kopfnicken oder eine einladende Bewegung mit der Hand. Sichtbare körpersprachliche Gesten dienen ihnen zur Orientierung, die

sie auch im Falle einer Ermahnung brauchen. Situationsgemäß bedarf es hier dann eben des eher strengeren Gesichtsausdrucks und Blicks, sowie einer verneinenden Kopfbewegung und Abwehrgesten. Ihre Körpersprache zeigt dem visuellen Kind mehr als tausend Worte ihm zu sagen vermögen. Wenn es in eine andere Richtung blickt oder traurig den Kopf hängen lässt, macht es durchaus Sinn, den Kontakt mit „Na komm, schau mich doch mal an" herzustellen.

Es schadet auch nichts, wenn Sie ein visuelles Kind mit etwas belohnen, das es sich hinstellen oder aufhängen und immer wieder ansehen kann, um sich daran zu freuen.

Persönliche Ressourcen bei aktuell visuellen Kindern fördern

Kinder brauchen Erfolgserlebnisse für ihre individuelle persönliche Entwicklung. Ein Erfolgserlebnis ist eine tiefe Freude, die aus dem eigenen Inneren kommt, sobald wir ein bestimmtes Ziel erreicht haben. Ein visuelles Kind hat oft eine sehr genaue *bildhafte Vorstellung* von seinem Ziel, häufig aber noch nicht die motorischen oder auch künstlerischen Fähigkeiten und Erfahrungen, um dies der Vorstellung entsprechend umzusetzen. Daraus entsteht Unzufriedenheit. Schnell sucht es sich dann das nächste Projekt. Wenn sich ein visuelles Kind Ziele setzt, die zu einfach sind, wird es sich ebenfalls nicht richtig am Erfolg freuen können. Es entsteht Langeweile und wiederum das Bedürfnis, sich möglichst rasch einer anderen Aufgabe zu widmen.

Um ein visuelles Kind individuell zu fördern, braucht es die Ermutigung, eine Sache wirklich zu Ende und zum Erfolg zu bringen. Diese Ermutigung zieht es aus Ihrem *sichtbaren Interesse* an seiner Kreativität und seinem Tun. Seien Sie ihm ein *Vorbild*. Am besten setzen oder stellen Sie sich daneben und machen einfach mit. Sie malen ebenfalls an einem Bild und zeigen so dem Kind, wie es beispielsweise mit Wasserfarben umgehen kann, ohne dass diese in sich verlaufen. Oder Sie zeigen ihm den Umgang mit gespitzten Buntstiften, ohne dass die Spitzen aufgrund zu starken Drucks abbrechen. Und anschließend hängen Sie sein Werk für alle sichtbar auf! Bleiben Sie zusammen mit dem Kind bewundernd vor dem Bild stehen: „Das sieht schön aus!" Visuelle Kinder haben oft Schwierigkeiten, rein verbalen Anweisungen zu folgen. Deshalb zeigen Sie ihm, worum es geht. Zeigen Sie ihm, wie man eine Schere nutzt und wie man Schuhe zubindet.

Visuelle Kinder sind visuell ablenkbar. Wenn das Kind malt, sollte auf dem Tisch nur das Malzeug zu sehen sein und sonst nichts. Ein übervoller oder unordentlicher Raum kann ein visuelles Kind ebenfalls in seiner Konzentrationsfähigkeit einschränken. Diese Kinder mögen durchaus auch Einzelarbeit und einen gewissen Abstand, auch zu anderen Menschen. Deshalb kann man sie durch zu viel Nähe aus dem Konzept bringen.

Unser Schulsystem ist sehr stark visuell ausgerichtet. Deshalb haben visuelle Kinder hier auch die besten Entwicklungschancen. Im Sinne einer ganzheitlichen Förderung ist es aber wichtig, nicht nur das noch mehr zu fördern, was das visuelle Kind ohnehin bereits gut kann. Geben Sie ihm deshalb die Gelegenheit, auch gezielt die auditive und kinästhetische Wahrnehmung zu trainieren. Neue Aufgabenstellungen sind in der Regel anfangs nicht von Erfolg gekrönt, sondern manchmal zunächst eine frustrierende Erfahrung. Sie können das visuelle Kind durch Ihre eigene deutlich zur Schau gestellte Begeisterung an der gestellten Aufgabe motivieren.

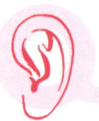

Das aktuell auditive Kind und die „Welt des Hörens"

Sie können das Seelenleben eines auditiven Kindes am ehesten verstehen, wenn Sie ihm *zuhören*, Ihre *„Ohren spitzen"* und zugleich auch sehr auf seine verbalen Botschaften achten. Auditive Kinder und Erwachsene verfügen über ein feines Gehör, dem auch die Unter- und Zwischentöne nicht entgehen.

Angebote, die den Hörsinn fördern und so auch die eigene Kreativität anregen, werden von auditiven Kindern dankbar angenommen. Sie hören gerne Reime oder auch spannende Geschichten und ab einem bestimmten Alter erzählen sie auch selbst gerne welche. Sie neigen dazu, vieles (wenn nicht vielleicht sogar alles), was sie tun und sehen, laut zu kommentieren. Irgendwie sind sie immer mit anderen am Erzählen, Diskutieren, Streiten oder Flüstern. Sind sie bereits im Vorschulalter, scheuen sich auditive Kinder auch nicht, beispielsweise die Erzieherin zu belehren. Hörbücher sind bei ihnen hoch im Kurs. Sie singen gerne, lieben die Musik und rhythmische Bewegungsangebote. Sie wollen die Welt im wahrsten Sinne des Wortes *„erklärt"* bekommen und selbst *erklären*.

Wie sorgt ein aktuell auditives Kind für Aufmerksamkeit?

Auditive Kinder nutzen die Erfahrungsplattform des Hörens und Sprechens (und anderer Lautäußerungen), um sich die gewünschte Aufmerksamkeit zu verschaffen.

Vielleicht kommt Ihnen folgende Situation bekannt vor: Ein Kind aus Ihrer Gruppe fragt Sie beispielsweise: „Was hast du am Wochenende gemacht?" Sie antworten ihm: „Ich war im Schwimmbad!" Das Kind fragt weiter: „Und was hast du da ge-

macht?" und Sie antworten ihm weiterhin geduldig, dass Sie geschwommen und sich gesonnt haben. Das Kind fragt weiter: „Und dann?" Sie antworten und wieder kommt die Frage „Uuund daahaann?" ... Vermutlich wird dieses Kind Sie bei der Unterhaltung nicht anschauen, sondern in typischer Weise den Kopf leicht schräg halten und dabei vielleicht seine Finger betrachten. Zum Glück wissen Sie ja jetzt, dass das Kind Ihnen so „sein Ohr leiht", also durchaus bei der Sache ist, auch wenn es nicht danach aussieht. Auditive Kinder schaffen es, Aufmerksamkeit für sich zu gewinnen, indem sie andere zu Erklärungen und Beschreibungen veranlassen oder selbst viel reden. Und wenn diese Strategie nicht klappt? Nun, das auditive Kind wird dann dafür sorgen, dass es gehört wird, indem es einfach *lauter* wird. Dazu nutzt es die eigene Stimme, dreht vielleicht plötzlich den CD-Player auf *ohrenbetäubende Lautstärke,* eine knallende Tür eignet sich ebenfalls hervorragend. Ich habe aber auch schon auditive Kinder erlebt, die einfach den Stecker aus der Anlage gezogen haben: *Stille!* Die Wahrnehmungsebene, die dem Kind gerade am wichtigsten ist, wird im Konflikt auch gerne verweigert, es stellt sich hin und „*sagt gar nichts mehr*". Auditive Kinder fordern durch verschiedenste Aktionen Aufmerksamkeit und Zuwendung ein, immer so, dass andere auch *hören*, dass etwas nicht stimmt.

Was bringt ein aktuell auditives Kind aus dem emotionalen Gleichgewicht?

Das Schlimmste, das einem auditiven Kind passieren kann, ist überhört zu werden. Auch ein lauter, aggressiver oder unfreundlicher Umgangston kann es verstören.

Loben, trösten, erklären, ermahnen, ermuntern ...

Es ist wichtig, dass Sie dem Kind sagen, *dass Sie ihm zuhören werden.* Stellen Sie den Kontakt her, indem Sie das Kind ansprechen und auch von ihm eine positive verbale Rückmeldung erfragen. Gerade bei auditiven Kindern wirkt es geradezu Wunder, wenn sie es freundlich und mitfühlend mit seinem Namen ansprechen, um es aus einer schwierigen Gemütslage herauszuholen: „Antonia, sag was, ich

höre dir zu. Was ist mit dir? Was ist los?" und dann warten Sie ab. Wenn keine Reaktion kommt, wiederholen Sie dieses verbale Gesprächsangebot. Sie können sich darauf verlassen, dass ein auditives Kind gerne reden möchte. Es wird Sie vielleicht zappeln lassen, aber sicher nicht allzu lange.

Da auditive Kinder ihre Erfolgserlebnisse aus dem hörbaren Bereich ziehen, ist es wichtig, sie möglichst *wortreich* zu loben. Mit ihrem feinen Ohr für Nuancen in der Stimme zählt für sie neben den Worten auch der freundliche Unterton. Im Falle einer Ermahnung brauchen sie ein strengeres und deutliches „Nein!" – und die Erklärung, warum und wieso.

Persönliche Ressourcen bei aktuell auditiven Kindern fördern

Kinder brauchen für ihre individuelle persönliche Entwicklung Erfolgserlebnisse. Der Erfolg, ein bestimmtes Ziel erreicht zu haben, wird als eine tiefe Freude, die aus dem eigenen Inneren kommt, erlebt. Ein auditives Kind möchte diese tiefe innere Freude selbstverständlich auch aus sich selbst heraus spüren, es wird Ihnen aber für Ihre motivierenden Worte und Ihr Lob trotzdem dankbar sein. Schon bei der Inangriffnahme einer gestellten Aufgabe braucht das auditive Kind Ihre verbale Unterstützung. Es braucht sie, um die Aufgabe mit seinen eigenen Worten zu beschreiben.

Auditive Kinder sind auditiv ablenkbar. Deshalb ist ein geräuscharmes und ruhiges Umfeld hilfreich.

Mit ihrem ausgeprägten Sinn für Wort und Klang sind auditive Kinder für Reime und Lieder ansprechbar. Sie lieben sie und sie lernen sie auch relativ rasch auswendig.

Die Persönlichkeit eines Kindes und sein Selbstvertrauen stärken Sie, wenn Sie Kindern zu Erfolgserlebnissen verhelfen. Die auditive Erfahrungsplattform ist natürlich hierfür am besten geeignet. In unserem stark visuell ausgerichtetem Schulsystem haben visuelle Kinder vergleichsweise bessere Entwicklungschancen.

Wenn ein Schulkind eher auditiv ausgerichtet ist, neigt es dazu, Worte so schreiben zu wollen, wie sie ausgesprochen werden. Gerade für unsere deutsche Sprache ist diese Strategie wenig geeignet, da es zu viele unhörbare Buchstaben gibt (z. B. das „h" im Wort „Ohr") und etliche Buchstaben anders ausgesprochen werden (z. B. das „v" im Wort „Vase"). So könnte man z. B. das Wort „Fuchs" auf vielerlei Art schreiben, wenn man es so schreiben wollte, wie man es spricht: „Fux", „Fuks", Vux", Vuchs" „Fuggs" usw. Im Sinne einer ganzheitlichen Vorschulförderung ist es daher wichtig, mit eher auditiven Kindern ganz gezielt die visuelle und kinästhetische Wahrnehmung zu trainieren, um auch diese Wahrnehmungskanäle zu unterstützen. Neue Aufgabenstellungen sind in der Regel anfangs nicht von Erfolg gekrönt, sondern können zunächst einmal auch frustrieren. Das auditive Kind motivieren Sie, indem Sie es wortreich und freundlich anfeuern.

Das aktuell kinästhetische Kind und die „Welt des Fühlens"

Das Seelenleben eines kinästhetischen Kindes können Sie am ehesten verstehen, wenn Sie sich mit „seiner Welt" vertraut machen. Diese Welt hat etwas mit den gefühlten Annehmlichkeiten des Lebens zu tun. Dazu zählen weiche bequeme Kleidung, die nicht einengt und sich auf der Haut gut anfühlt, ebenso wie schmackhaftes Essen oder auch angenehme Gerüche und Düfte. Bequemlichkeit ist auch wichtig, aber nicht nur. Gerade unter den kinästhetischen Kindern finden sich einige mit einem ausgeprägten Bewegungsdrang. Sie lieben einfach die körperliche Wärme, die beim Rennen, Hüpfen und Turnen entsteht. Sie spüren gerne ihre Muskeln und ihre Kraft und feilen an ihrer motorischen Geschicklichkeit. Wenn Sie ein Kind beobachten, dass unermüdlich mit dem Gleichgewicht auf dem Fahrrad ringt oder mit hochroten Wangen stundenlang draußen auf dem Spielplatz herumtobt und einfach nicht zu stoppen ist, dann haben Sie es höchstwahrscheinlich mit

einem Kind in einer kinästhetischen Phase zu tun. Dazu gehört auch die Lust, Dinge anzufassen und zu fühlen. Kinästhetische Kinder lieben in der Regel Aktivitäten an der frischen Luft und sind gleich dabei, wenn ein Waldspaziergang angeboten ist oder draußen ein Gemüsebeet oder eine Kräuterspirale angelegt wird.

Kinästhetische Kinder beteiligen sich grundsätzlich gerne an Gruppenaktivitäten, denn sie haben ein hilfsbereites und soziales Naturell. Sie verfügen über ein ganz gutes Gespür für die Bedürfnisse anderer und so manches Mädchen, so mancher Junge, entwickelt sich „zur rechten Hand" der Erzieherinnen, indem es/er anderen Kindern dabei hilft, die Schuhe zu binden oder ihnen auch die Nase putzt. Sie schließen gerne Freundschaften und haben einen „besten Kumpel".

Wenn die Gruppe zu groß ist, zu unübersichtlich (was bei gruppenübergreifenden Angeboten leicht der Fall sein kann!) oder zu turbulent, ziehen sie sich am liebsten mit der besten Freundin oder dem besten Freund zurück. Da sie gerne mit den Händen werkeln, sind sie begeisterte Bastler. Angebote, die die Motorik und Feinmotorik fördern, sind für kinästhetische Kinder grundsätzlich ideal. Damit entsprechen und kanalisieren Sie einerseits den Bewegungsdrang der eher unruhigen kinästhetischen Kinder und Sie schaffen andererseits einen guten Anreiz und Ausgleich für jene, die eher bewegungsfaul sind.

Kinästhetische Kinder möchten die Welt im wahrsten Sinne des Wortes „*begreifen*" lernen. Dazu brauchen sie das Gefühl der Stabilität, der Sicherheit und Geborgenheit.

Wie sorgt ein aktuell kinästhetisches Kind für Aufmerksamkeit?

Spontane Umarmungen anderer Kinder oder auch der Erzieherin dienen dazu, die gewünschte Aufmerksamkeit zu erhalten. Die Zuneigung ist echt, der Wunsch nach Aufmerksamkeit aber auch. Im umgekehrten Fall können sie urplötzlich sehr bedürftig wirken und fordern so Zuwendung ein. Einige gehen dementsprechend auf Kuschelkurs und wollen je nach Alter auf den Arm genommen und gehalten werden. Anderen Kindern reicht es aus, wenn man sie einfach an die Hand nimmt, die Wange streichelt oder kurz umarmt.

Wenn kinästhetische Kinder sich gekränkt fühlen, kann es auch sein, dass sie sich in sich zurückziehen und/oder auch räumlich plötzlich ganz auf „Abstand" gehen. Sie tun dies aber nicht, ohne ihren Teddy, ihr Kuschelkissen oder die Schmusedecke mitzunehmen.

Was bringt ein aktuell kinästhetisches Kind aus dem emotionalen Gleichgewicht?

Kinästhetische Kinder fühlen sich leicht zurückgewiesen und gekränkt. Sie können sehr eifersüchtig reagieren. Wenn allzu viel Aufregung und Trubel um sie herum ist, fühlen sie sich überfordert.

Loben, trösten, erklären, ermahnen, ermuntern ...

Auf jeden Fall heißen die Schlüsselworte „Nähe" und „Herzenswärme" – aber auch „Distanz". Indem diese Kinder von sich aus entweder den tröstlichen Kuschelkurs einschlagen oder aber sich deutlich und energisch (mit Teddy, Puppe oder Schmusedecke im Arm) abgrenzen, zeigen sie, was sie brauchen. Im Falle einer Rückzugstendenz lässt man sie am besten in Ruhe – aber nicht allein. Es ist wichtig, ihnen

die für sie so dringend notwendige Nähe immer wieder vorsichtig anzubieten, etwa indem man ihnen den Kopf oder Rücken streichelt oder mit wenigen Worten eine beliebte Aktivität anbietet. Wenn sie sich dann wieder beruhigt haben und bereit sind, wieder am Gruppengeschehen teilzunehmen, brauchen sie hierfür manchmal „Rückenstärkung".

Da kinästhetische Kinder oft auch über den Geschmackssinn recht ansprechbar sind, kommt es vor, dass sie aus Kummer zu Süßigkeiten greifen oder überhaupt deutlich mehr essen. Hier kann man natürlich kanalisierend eingreifen und anstelle von Schokolade Obst anbieten.

Auch das kinästhetische Kind können sie – selbst in einer emotional schwierigen Situation – erreichen, wenn Sie es mit seinem Namen ansprechen. Stellen Sie Nähe her und sprechen Sie das Kind zugleich an: „Hallo Malika. Schau mal, ich habe dir deinen Teddy (Puppe, Schmusekissen etc.) mitgebracht. Hier, bitte ..." So erreichen Sie das Kind, zeigen Verständnis und schenken ihm Trost.

Auch ein Lob sollte von Ihnen mit „Nähe" und „Herzenswärme" begleitet werden.

Persönliche Ressourcen bei aktuell kinästhetischen Kindern fördern

Erfolgserlebnisse, die die individuelle Entwicklung unterstützen, setzen voraus, dass man sich zuvor bemüht, eingesetzt und bisweilen gekämpft hat. Ein kinästhetisches Kind ist ein kleiner zäher Kämpfer, der sich durchaus durchbeißen kann. Instinktiv sucht es seine Erfolgserlebnisse bevorzugt auf der kinästhetischen Erfahrungsplattform und möchte diese Freude auch gerne genießen und „auskosten" können.

Um ein kinästhetisches Kind individuell zu fördern, braucht es eine besondere Rücksichtnahme auf seine Gefühlswelt. Achten Sie deshalb auf eine ruhige Lernsituation ohne Zeitdruck und mit einem für das Kind überschaubarem Förderangebot. Ein kinästhetisches Kind braucht Zeit, um neue Aufgabenstellungen zu „begreifen". Im Vergleich zu eher visuellen oder auditiven Kindern ist es deshalb eher langsamer. Dieses häufig langsamere Tempo beim Lernen hängt mit der spezifischen

Art der Wahrnehmung zusammen und hat absolut nichts mit geringerer Intelligenz zu tun. Hier geht es um die „kleinen Lernschritte". Kleingruppen oder Einzelarbeit machen für solche Kinder Sinn. Und ganz besonders wichtig ist, dass das Kind sich emotional und körperlich wohlfühlt. Dazu zählen auch eine angenehme Raumtemperatur und wiederum die spürbare Wärme und Zugewandtheit der Betreuungsperson.

Im Hinblick auf das stark visuell geprägte Schulsystem, das weniger visuell orientierte Kinder tendenziell benachteiligt, ist es wichtig, kinästhetische Kinder entsprechend vorzubereiten. Unterstützen Sie gezielt die visuelle und auditive Wahrnehmung und bieten Sie dem Kind damit „mehr Wahlmöglichkeiten" an. Neue Aufgabenstellungen erfordern in der Regel anfangs eine gewisse Frustrationstoleranz. Damit das kinästhetische Kind nicht den Mut verliert, wenn ungewohnte Aufgaben an es herangetragen werden, sollten Sie es stets ermuntern und ermutigen.

Kommunikation gestaltet Beziehung

• So gelingt die Verständigung mit Eltern, KollegInnen und Kindern •

Beziehungsreiche Gesprächskultur

Jede Bitte um ein Gespräch öffnet die Pforten zur Sach- und zur Beziehungsebene. Da die Beziehungsebene einen so bedeutungsschweren Einfluss auf die Kommunikation insgesamt hat, lautet die goldene Kommunikationsregel: **„Connection before Correction"** Frei übersetzt ist damit gemeint: „Erst eine Verbindung finden und dann gemeinsam nach einer Lösung suchen!" Dieser Grundsatz bewertet die gute Beziehung zu unserem Gesprächspartner als das vorrangigste Ziel einer jeden Kommunikation. Immer sollte es zuerst darum gehen, eine „gemeinsame Wellenlänge" zum Gegenüber herzustellen, um uns darauf aufbauend auf den sachlichen Teil des Gesprächs zu konzentrieren.

Als Kommunikationsmittel stehen uns unsere Sprache, unsere Tonalität und unsere Körpersprache zur Verfügung. Die Beziehungsebene wird vorwiegend über nonverbale Signale ausgedrückt. Um die gewünschte „gemeinsame Wellenlänge" zu erreichen, ist die nonverbale Kommunikation für uns von besonderer Bedeutung.

Ein Weiser wurde gefragt, welches die wichtigste Stunde sei, die der Mensch erlebt, welcher der bedeutendste Mensch sei, der ihm begegnet, und welches das notwendigste Werk sei.
Die Antwort lautete: Die wichtigste Stunde ist die Gegenwart. Der bedeutendste Mensch ist immer der, der dir gerade gegenüber steht. Und das notwendigste Werk ist die Liebe.

Meister Eckhart

In den Antworten des Weisen aus der Geschichte von Meister Eckhart finden wir weitere wertvolle Hinweise für eine beziehungsreiche Gesprächskultur und damit für gelingende Kommunikation:

„Die wichtigste Stunde" – Achtsamkeit und Leben im „Hier und Jetzt":
Nur, wenn wir wirklich in der Gegenwart und achtsam sind, können wir ein gutes Gespräch führen.

„Der bedeutendste Mensch" – Aufmerksamkeit und Verbundenheit:
Indem wir uns innerlich öffnen und dem anderen Menschen unvoreingenommen begegnen, entsteht jene Art von Verbundenheit und Kommunikation, die uns ein tieferes Verständnis für die Motive und Bedürfnisse anderer erlaubt.

„Das notwendigste Werk" – Liebe, Respekt und Wertschätzung:
Kommunikation gelingt dann, wenn wir unserem Gesprächspartner einfühlsam und mit Respekt gegenübertreten und wertschätzend *miteinander sprechen*, denn dann treten wir tatsächlich in Beziehung. Nur wenn die Verbindung („connection") geknüpft ist, kommunizieren wir „auf einer Wellenlänge", ist ein guter Austausch auch über Sachthemen möglich.

„Die wichtigste Stunde" – Achtsam und im „Hier und Jetzt" sein

Im „Hier und Jetzt" sein bedeutet achtsam sein. Das Gegenteil von Achtsamkeit ist Unachtsamkeit. Unachtsame Menschen sehen nicht richtig hin und hören auch nicht richtig zu. Abgelenkte oder geistesabwesende Menschen vermitteln anderen ein Gefühl von „Da ist keiner zu Hause". Sie sind zwar körperlich anwesend, aber in Gedanken in der Vergangenheit, in der Zukunft oder mit anderen Problemen beschäftigt. Natürlich ist es manchmal wichtig, rückblickend bestimmte Ereignisse und Begegnungen zu analysieren. Und wir müssen uns auch dann und wann ernsthaft Gedanken um unsere Zukunft machen. Auch Gedankenspiele haben ihren Sinn, aber alles zu seiner Zeit. Grundsätzlich lenken uns diese gedanklichen Spaziergänge vom Geschehen im „Hier und Jetzt" ab. Nur wenn wir wirklich achtsam sind, bemerken wir diese gedanklichen Ausflüge und können wieder bewusst zum gegenwärtigen Moment zurückkehren.

Achtsame Begegnungen und Gespräche

Ohne Achtsamkeit und Gegenwärtigkeit ist es unmöglich, gute Beziehungen zu anderen Menschen zu knüpfen und aufrecht zu erhalten. In der Begegnung mit anderen ist es wichtig, dass wir dem Gegenüber unsere ungeteilte Aufmerksamkeit schenken, Unachtsamkeit oder Zerstreutheit ist in Gesprächen fehl am Platz. Wir können nicht parallel z. B. strategische Überlegungen (die sich vielleicht sogar um den Gesprächspartner oder die Gesprächsinhalte drehen) anstellen *und* gleichzeitig den verbalen oder nonverbalen Signalen des Gesprächspartners folgen. Dieser wird früher oder später bemerken, wie unkonzentriert wir sind, und wird dies nicht gerade positiv werten.

Wir werden eher achtsam kommunizieren, wenn wir unseren Kopf vor dem Gespräch regelrecht „leer machen". Atmen Sie tief durch und spüren Sie den Bodenkontakt unter Ihren Füßen. So kommen Sie bei sich und im „Hier und Jetzt" an und können für den Gesprächspartner voll und ganz da sein.

Ohne Achtsamkeit keine Konfliktlösung

Achtsamkeit und Offenheit in der Kommunikation sind vor allem in Krisen- und Konfliktgesprächen unverzichtbar.

Wenn wir uns im Konfliktfall von unseren subjektiven negativen Erfahrungen, die wir evtl. in der Vergangenheit gemacht haben, leiten lassen, betrachten wir die andere Person während der gesamten Begegnung durch die Brille dieser negativen Gefühle aus der Vergangenheit und beeinträchtigen damit das gegenwärtige Gespräch. Obwohl es eigentlich zu einem klärenden Austausch kommen könnte, nehmen wir der betreffenden Person und auch uns selbst die Chance, den Konflikt zu lösen. Wir nehmen unseren Gesprächspartner in der aktuellen Situation gar nicht wirklich wahr. Jedes Wort, jeder Blick, jede Bewegung, ja sogar eine Entschuldigung werden durch unsere persönliche Einstellung und Ausrichtung auf die Vergangenheit uminterpretiert, verzerrt oder gar ignoriert. Gleichzeitig kommt unsere negative Einstellung mehr oder weniger deutlich verbal und nonverbal zum Ausdruck, was eine Konfliktlösung zusätzlich erschwert. Im Zustand der Unachtsamkeit können wir nicht „bewusst" kommunizieren und verlieren auch das eigene Verhalten und die eigenen nonverbalen Signale aus dem Blick. Erinnern Sie sich: Gerade die körpersprachlichen Botschaften und auch Ihre Stimme haben eine entscheidende Wirkung auf Ihre Beziehung zum Gesprächspartner. Wenn Sie nun aus Unachtsamkeit oder Nachlässigkeit störende Signale senden, sorgen Sie für neue Kommunikationsbarrieren.

Nicht bewusstes Kommunizieren macht uns auch anfällig für unergiebige „Wer-hat-Recht"-Diskussionen. Wir vergessen, dass jeder Mensch eine andere Wahrnehmung von der Welt hat. Wir vergessen, dass Men-

schen „menscheln" und die Person uns gegenüber vielleicht verunsichert sein könnte. Möglicherweise sind die Signale unseres Kommunikationspartners aufgrund dieser Verunsicherung unglücklich gewählt, aber durchaus nicht negativ gemeint. Im Zustand der Achtsamkeit haben wir dafür Antennen. Bleiben wir also unserer eigenen Kommunikation bewusst und betrachten die evtl. „unglücklichen" Äußerungen des Gegenübers als eine Information, z. B. den Ausdruck eines unerfüllten Bedürfnisses.

Zuhören schafft Vertrauen

Häufig neigen wir dazu, mit unseren Anliegen regelrecht „mit der Tür ins Haus zu fallen" oder dem Gegenüber schnell Ratschläge zu geben. So stoßen wir aber eher auf taube Ohren und das Gesprächsklima spannt sich spürbar an. Führen Sie das Gespräch besser nach dem Grundsatz: „Erst Verbindung herstellen, dann gemeinsam nach einer Lösung suchen". Geben Sie der anderen Person zunächst die Gelegenheit, all das, was sie bewegt, ausführlich zu äußern. Hören Sie aufmerksam zu und signalisieren Sie durch eine offene Körperhaltung und Kopfnicken Ihr Interesse. Dann erst wenden Sie Ihre Aufmerksamkeit dem Problem zu. Bei dieser einfühlsamen Vorgehensweise können Sie

Zuhören überzeugt mehr als argumentieren.

Aus Indien

bald deutlich das Nachlassen der Anspannung wahrnehmen. Oftmals sind die sichtbaren Probleme nur „die Spitze des Eisberges". Nur in Kenntnis der Hintergründe werden Sie eine brauchbare Lösung finden. Damit andere Menschen den Mut haben, Ihnen die tatsächlichen Beweggründe mitzuteilen, die für ihr gemeinsames Thema bedeutend sind, brauchen Sie diese Vertrauensebene.

Vergangenes ruhen lassen

Viele Menschen geben der Vergangenheit mehr Macht als der Gegenwart: „Das kenne ich schon!" – „Das war schon immer so!" – usw. Selbstverständlich beeinflussen uns heute die Erfahrungen, die wir gestern gemacht haben. Aber es kommt darauf an, dass wir aus diesen vergangenen Erfahrungen lernen und die Chancen, die sich in der erneuten Begegnung und im momentanen Gespräch eröffnen, nutzen. Nur in der Gegenwart können wir frühere Wunden heilen und den Grundstein für zukünftige positive Beziehungen und Ereignisse legen. Wenn wir uns im aktuellen Moment auf die Begegnung mit unserem Gesprächspartner vollständig einlassen, sind wir auch geistesgegenwärtig genug, die aktuell richtigen Antworten zu finden, potenzielle Chancen wahrzunehmen und die richtigen Weichen für die Zukunft zu stellen. Nur dann, wenn Sie achtsam im „Hier und Jetzt" sind, kann das Gespräch einen für beide Seiten befriedigenden Verlauf nehmen.

Selbstbeobachtung

Achtsamkeit verbessert die bewusste Wahrnehmung in Bezug auf die eigenen Gedanken und unseren Ausdruck. Unser Gesprächspartner spürt, wenn wir uns von negativ kreisenden Gedanken lösen. Er bemerkt den Stimmungswandel und fühlt sich dadurch freier und erleichtert. Wir selbst strahlen im Zustand der Achtsamkeit und Präsenz Kraft und Festigkeit aus. Ruhe und emotionale Stabilität sind die besten Gegenmittel gegen aufkommenden Stress. Kommt es dennoch einmal zu einem hitzigen Wortgefecht, kann Achtsamkeit es entschärfen. Die Diskussion unterschiedlicher Sichtweisen und das Aushandeln von Kompromissen kostet weniger Kraft und Zeit. Schaffen wir eine achtsame Atmosphäre, ist unser Gegenüber eher geneigt, uns zuzuhören und seine Meinung zu überdenken, ebenso sind auch wir selbst offener für die Argumente des Gesprächspartners.

Achtsamkeit im Team und mit den Kindern

Auch für die Teamarbeit gilt, je bewusster und achtsamer alle miteinander umgehen, desto eher werden Unzufriedenheit, Überforderung und Frustrationen bei den einzelnen Teammitgliedern vermieden. Ein fürsorglicher Umgang untereinander fördert das Wohlbefinden und das hilft Ihnen auch, den Bedürfnissen der Kinder besser gerecht zu werden.

Im Umgang mit den Kindern ist die achtsame Kommunikation ohnehin unerlässlich. Denn Kinder teilen ihre Nöte und die Beweggründe ihres Verhaltens nur den Erwachsenen mit, die sie als vertrauenswürdig, freundlich, zuverlässig und hilfreich empfinden.

Achtsamer Umgang mit uns selbst

Damit Kommunikation gelingt, ist es wichtig, dass wir auch uns selbst gegenüber wach und bewusst bleiben und „unsere Sinne beieinander haben". Wenn wir unachtsam sind, schaden wir uns selbst, denn es geschehen dann oft Dinge, die wir nicht wollen: Unachtsame Menschen stolpern, stoßen sich den Kopf an, schneiden sich in den Finger oder verpassen wichtige Termine. Wenn wir beispielsweise mit Blick auf die Zukunft mit unseren körperlichen Kräften in der Gegenwart schlecht haushalten, erschöpfen sich Körper und Geist. Depressionen oder eine zu schwache Immunabwehr können die Folge sein. Langanhaltende Unachtsamkeit macht

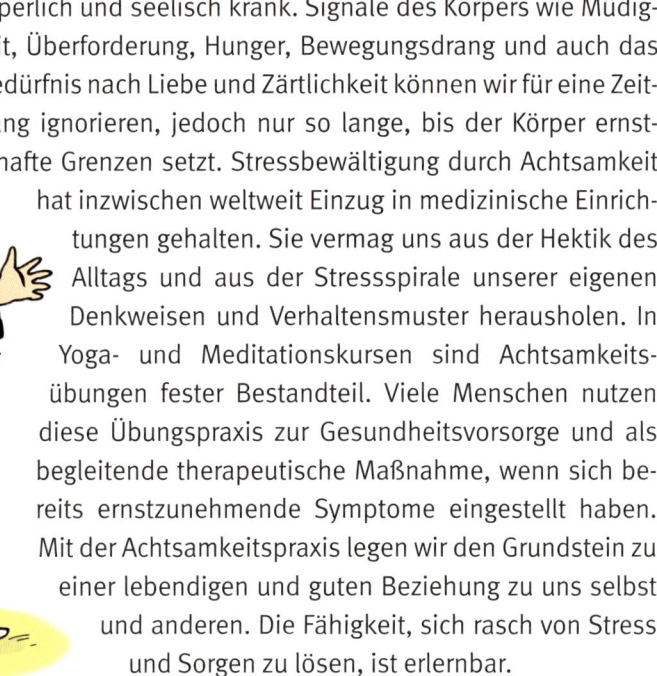

körperlich und seelisch krank. Signale des Körpers wie Müdigkeit, Überforderung, Hunger, Bewegungsdrang und auch das Bedürfnis nach Liebe und Zärtlichkeit können wir für eine Zeitlang ignorieren, jedoch nur so lange, bis der Körper ernsthafte Grenzen setzt. Stressbewältigung durch Achtsamkeit hat inzwischen weltweit Einzug in medizinische Einrichtungen gehalten. Sie vermag uns aus der Hektik des Alltags und aus der Stressspirale unserer eigenen Denkweisen und Verhaltensmuster herausholen. In Yoga- und Meditationskursen sind Achtsamkeitsübungen fester Bestandteil. Viele Menschen nutzen diese Übungspraxis zur Gesundheitsvorsorge und als begleitende therapeutische Maßnahme, wenn sich bereits ernstzunehmende Symptome eingestellt haben. Mit der Achtsamkeitspraxis legen wir den Grundstein zu einer lebendigen und guten Beziehung zu uns selbst und anderen. Die Fähigkeit, sich rasch von Stress und Sorgen zu lösen, ist erlernbar.

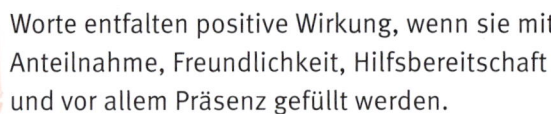

Worte entfalten positive Wirkung, wenn sie mit Anteilnahme, Freundlichkeit, Hilfsbereitschaft und vor allem Präsenz gefüllt werden.

Übungen für innere Ruhe und Stabilität vor Gesprächen

Es gibt verschiedene, einfache Methoden, um sich positiv auf ein bevorstehendes Gespräch einzustimmen. Wie mit einem inneren Kompass legen Sie im Vorfeld schon die Richtung des Gesprächs fest, wenn Sie sich unmittelbar vor Gesprächsbeginn gedanklich sammeln und sich auf Werte wie Ruhe, Harmonie, Vertrauen, Frieden oder auch Respekt konzentrieren. So sorgen Sie für einen angenehmen körperlichen und geistigen Zustand und eine positive Gesprächsatmosphäre.

Den Boden unter den Füßen spüren

Stellen Sie sich aufrecht hin und richten Sie Ihre Wahrnehmung auf den Boden unter Ihren Füßen, der sie trägt. Sie können dies auch im Sitzen tun, sofern Ihre beiden Füße fest auf dem Boden stehen. Mit dem Gewahrwerden des festen Bodens unter unseren Füßen verbinden wir emotionalen Halt und Sicherheit. Umgekehrt umschreiben wir Gefühle der Unsicherheit beispielsweise mit Formulierungen wie „auf schwankendem Grund stehen" oder „mir zieht jemand den Boden unter den Füßen weg".

Im Sitzen können Sie die Stabilität, die Sie aus dem Boden beziehen, noch verstärken, indem Sie sich die Sitzfläche vergegenwärtigen oder sich den Halt im Rücken durch die Rückenlehne des Stuhles („Mein Rückhalt") bewusst machen. Der gefühlte Bodenkontakt stabilisiert Sie in wenigen Sekunden!

Leitsatz: *Wo bin ich gerade? – "Hier"!*

Den Atem beobachten

Konzentrieren Sie Ihre Aufmerksamkeit auf die Atmung. Beobachten Sie, wie Ihr Atem in der Nase kommt und geht. Mit einiger Übung sind Sie auch in der Lage, bewusst tief und ruhig in Ihre Mitte zu atmen.

Mit der Beobachtung des Atems richten Sie Ihre Wahrnehmung auf die Gegenwart, auf das, was gerade geschieht, und sind ganz im „Hier und Jetzt". Bewusstes ruhiges Atmen bewirkt, dass Sie sich emotional stabilisieren und (falls erforderlich) beruhigen können. In angespannten Situationen oder vor schwierigen Gesprächen genügen wenige langsame Atemzüge, um in Balance zu kommen.

Leitsatz: *Welche Zeit ist gerade? – „Jetzt"!*

Mein Schutzschild

Vor schwierigen Gesprächen kann Ihnen Ihr ganz persönliches „Schutzschild" helfen: Der Schutz besteht darin, dass Sie nicht zulassen, dass unangemessene Äußerungen Ihres Gesprächspartners Sie in Ihrer Kompetenz, in Ihrem freundlichen und hilfsbereiten Gesprächsangebot und in Ihrem Selbstwert schmälern, denn wenn das Selbstwertgefühl leidet, leidet auch die Kommunikation.

Dieses Schutzschild ist ein ganz persönliches Motto, das, was Sie motiviert und Ihre Kompetenz und den Kern Ihrer Persönlichkeit am Arbeitsplatz und im Elterngespräch ausmacht. Ihr Schutzschild ist nicht aggressiv, sondern resultiert aus der Überzeugung, dass Sie mit den Gesprächspartnern zusammen das Beste wollen und nach einer guten Lösung suchen. Es beruht auf dem Wissen, dass hinter jeder Aussage, sei sie auch noch so „verunglückt", ein unausgesprochenes Bedürfnis steht, das Ihnen Informationen über Ihr Gegenüber gibt.

Mein persönlicher Leitsatz lautet:

z. B. „Ich bin kompetent." oder „Ich habe hier eine wichtige Aufgabe."

„Der bedeutendste Mensch" – Die Wahrnehmung schulen und in Beziehung treten

Sich selbst wichtig nehmen

Als Erzieherin haben Sie ständig mit anderen Menschen zu tun und Sie werden dabei auch von anderen wahrgenommen. Ihre Kollegen sind in der Nähe, wenn Sie mit den Kindern sprechen. Auch Eltern beobachten die Art Ihres Umgangs mit ihren Sprösslingen genau. Und die Kinder haben ein gutes Gespür dafür, wie Sie mit ihren Eltern reden und wie Sie im Team miteinander umgehen. KollegInnen aus anderen Kitas, Vertreter von Kommunen oder Kirchengemeinden registrieren ebenfalls das Kommunikationsklima in Ihrer Einrichtung. Ihr pädagogischer Alltag zeichnet sich durch eine Vielzahl von Gesprächen und Kommunikationsanlässen aus. Wer aber ist von all den Menschen, die Ihnen tagtäglich und nicht selten auch zu mehreren gleichzeitig gegenüberstehen, denn nun der „bedeutendste"? – Ich meine: Zunächst einmal ist immer der Mensch der wichtigste, den Sie zum bedeutendsten Menschen machen. Da-

> „Es ist viel klüger, du entziehst dich von Zeit zu Zeit deinen Beschäftigungen, als dass sie dich ziehen und nach und nach an einen Punkt führen, an dem du nicht landen willst: an den Punkt, wo das Herz hart wird. (...) Wenn also alle Menschen ein Recht auf dich haben, dann sei auch du selbst ein Mensch, der ein Recht auf sich selbst hat. Wie lang noch schenkst du allen anderen deine Aufmerksamkeit, nur nicht dir selbst. Ja, wer mit sich selbst schlecht umgeht, wem kann der gut sein?"
>
> Bernhard von Clairvaux (1090-1153) an Papst Eugen III

mit wir uns anderen mit unserer Aufmerksamkeit zuwenden können, ist es aber nötig, dass wir bei uns selbst bleiben und uns auch selbst wichtig nehmen.

Sie haben die Verantwortung für die Ihnen anvertrauten Kinder. Sie sind die pädagogische Fachkraft, die auch in stressigen und hektischen Situationen den Kopf, die Nerven und den Überblick behalten und im richtigen Moment die angemessenen Entscheidungen treffen muss. Das gilt besonders auch in den vielen Gesprächssituationen, die, wenn auch inhaltlich wichtig, aus zeitlichen Gründen oft zwischen Tür und Angel geführt werden müssen. Auch hier ist Aufmerksamkeit und Präsenz gefordert. Nur wenn Sie auf sich selbst achten, indem Sie beispielsweise auch deutlich Grenzen setzen, werden Sie auch mit hoher Stressbelastung umgehen können. Nur wenn Sie ganz bei sich im „Hier und Jetzt" sind, finden Sie zur rechten Zeit das rechte Wort: spontan, lebendig und intuitiv. Ihre Achtsamkeit für den gegenwärtigen Moment und Ihr Selbstausdruck werden es unterstützen, dass Ihr Gegenüber Sie ernst nimmt. Auf diese Weise „bekleiden" Sie nicht nur das verantwortungsvolle Berufsbild der pädagogischen Fachkraft. Sie „verkörpern" es auch!

In Resonanz mit dem Gegenüber

Gewiss haben Sie schon einmal einem Kind beim Schaukeln geholfen. Dabei hat sich vermutlich gezeigt, dass die Schaukel leichter in Schwung kommt, wenn Sie Ihre Schwungkraft der bereits vorhandenen Schaukelbewegung des Kindes angleichen. Dieses Gefühl von Verbundenheit und Mühelosigkeit gibt es auch im Bereich der Kommunikation. Angenommen, Sie sitzen mit Ihrer besten Freundin in einem Café und führen eine angeregte Unterhaltung. Ihr Gespräch ist im Fluss und Sie fühlen sich beide wohl. Wenn Ihre Freundin sich interessiert zu Ihnen nach vorne über den Tisch beugt, neigen Sie sich ebenfalls zu ihr hin. Irgendwann greifen Sie zu Ihrer Kaffeetasse, und auch Ihre Freundin scheint genau im selben Moment Lust auf einen Schluck Kaffee zu haben. Wenn eine von Ihnen sich durch das Haar fährt

oder ein Bein über das andere schlägt, tut die andere das kurz danach ebenso. Es gibt in Gesprächssituationen eine unwillkürliche Tendenz, die eigenen Körperbewegungen der anderen Person anzugleichen. Solche Spiegel- oder Synchronisationsphänomene sind immer ein Zeichen für Sympathie und dafür, dass Sie auf einer tieferen Ebene in Verbindung stehen. Man nennt diesen Zustand der Verbundenheit auch „Resonanz".

Manchmal sind uns Menschen spontan sympathisch und wir erwidern unwillkürlich und ohne darüber nachzudenken ein Lächeln. Neurobiologen sprechen hier von Spiegelungs- und Imitationsreaktionen und machen bestimmte Nervenzellen in unserem Gehirn dafür verantwortlich, die sogenannten Spiegelneuronen. Diese Nervenzellen befähigen uns nicht nur dazu, auf die Stimmung des Gegenübers emotional einzusteigen und sie mitzuempfinden. Wir sind darüber hinaus auch in der Lage, diese nach außen hin sichtbar und nachvollziehbar zu machen, indem wir die zu einem bestimmten Gefühl gehörenden Verhaltensweisen unbewusst imitieren oder reproduzieren (vgl. Bauer 2006, S. 11).

Ein Beispiel: Sie reden mit einer Kollegin. Diese berichtet von einer schmerzlichen Erfahrung und zeigt dabei einen traurigen Gesichtsausdruck. Ihre Spiegelneuronen sorgen nun dafür, dass Sie diesen kummervollen Gesichtsausdruck zunächst einmal richtig interpretieren und dass Sie die Trauer der Kollegin ein Stück weit mitempfinden können. Dieses Mitgefühl drücken Sie ebenfalls durch Ihre Mimik aus. Ihre Kollegin nimmt Sie als einen mitfühlenden und anteilnehmenden Menschen wahr und fühlt sich durch Sie verstanden und in der Gesprächssituation insgesamt wohl. Vermutlich ist sie dadurch ermutigt, noch mehr von ihrem Kummer zu berichten. Die Spiegelneuronen haben also nicht nur etwas mit der Intuition und dem Einfühlungsvermögen zu tun, das uns befähigt, die Gefühlslage eines anderen Menschen richtig zu deuten. Sie ermöglichen es auch, dass wir uns einfühlsam in die Lebenswelt des Kommunikationspartners „einschwingen".

Sprache und nonverbale Signale spiegeln

Spiegelphänomene sind nicht nur deutliche Zeichen für Sympathie. Sie sind die Voraussetzung für Teamfähigkeit und Mitgefühl und markieren den Anfang für jene Form von „Connection", die die Voraussetzung für gelingende Kommunikation ist.

Aus der neurobiologischen Forschung weiß man, dass das gezielte Nachahmen emotional bedeutsamer mimischer, gestischer und stimmlicher Ausdrucksformen die dazugehörenden Emotionszentren im Gehirn aktiviert. Das absichtliche Spiegeln von körpersprachlichen Signalen kann also – zumindest zu einem gewissen Grad – entsprechende Gefühle erzeugen (vgl. Bauer 2006, S. 141f).
Absichtliches Spiegeln nonverbaler kommunikativer Signale erfordert ein hohes Maß an Aufmerksamkeit und Achtsamkeit. Wie später noch gezeigt wird, gibt es auch die Möglichkeit, Kommunikationsstile mit der dazugehörigen Wortwahl zu spiegeln. Ohne Achtsamkeit keine korrekte Wahrnehmung und keine „bewusste" Kommunikation. Ohne Achtsamkeit auch keine Mitreaktion und keine Empathie. Wenn wir durch aktives Spiegeln bewusst die Resonanz zwischen uns und unserem Gesprächspartner fördern, versetzen wir uns selbst in die Lage der anderen Person und können ihr einfühlsam und mitfühlend begegnen. Aktives Spiegeln ist also kein äußerlicher Schein oder gar ein Täuschungsmanöver, denn durch unsere eigenen Spiegelneuronen im Gehirn werden wir ganz stark in die emotionale Situation des Gegenübers einbezogen. Sobald nur ein Gesprächspartner im Gesprächsver-

lauf bewusst spiegelt, wird für beide Beteiligten ein Anstieg der Konzentration, der Wahrnehmung und des gegenseitigen Verständnisses erreicht. Und diese Resonanz bewirkt wiederum erhöhte Aufmerksamkeit. Im Zweiergespräch entsteht dann eine Art Schutzraum, der alle störenden oder ablenkenden Geräusche und Ereignisse ausblendet.

Mit Resonanz, in echter Verbindung mit dem Gesprächspartner, verabschieden Sie sich auch von dem Anspruch, im Gespräch zwingend einen guten Eindruck machen zu wollen. Ein solcher Wunsch würde Sie in Ihrer Konzentration und Offenheit eher hemmen und den Gesprächsfluss stören. Diese gehemmte Kommunikation gleicht einer Autofahrt mit angezogener Handbremse. Sie führt dazu, dass wichtige Meinungen nicht geäußert werden. Von „gemeinsamer Wellenlänge" kann dann nicht die Rede sein. Spiegeln dagegen hilft Ihnen, in Verbindung mit dem Gegenüber zu treten, sich in seine Welt einzufühlen und ihn zu verstehen. So sammeln Sie schließlich auch Sympathiepunkte. Dennoch können Sie achtsam bei sich selbst bleiben und Ihre Meinung klar vertreten.

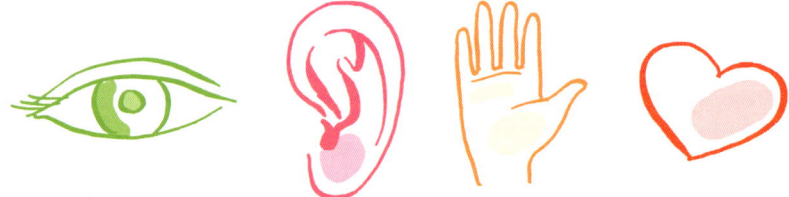

Positive nonverbale Signale spiegeln

Sie können Resonanz bewusst fördern, indem Sie vorsichtig und respektvoll das spiegeln, was Sie am Gesprächspartner wahrnehmen. Achten Sie allerdings darauf, dass Sie nicht einfach wahllos spiegeln.

- Spiegeln Sie nur die freundlichen und zugewandten oder neutralen Signale (freundliche Stimme, Lächeln, bejahendes Kopfnicken, der Oberkörper wird interessiert nach vorne bewegt, offene (nicht verschränkte) Arme, übergeschlagene Beine, Gewichtsverlagerung nach rechts oder links).
- Spiegeln Sie niemals die aggressiven Signale (unfreundliche Stimme, laute Stimme, unfreundlicher Gesichtsausdruck, weitausholende und rasche Bewegungen, verschränkte Arme).

Spiegelphänomene entstehen auf ganz natürliche Weise, nicht nur wenn Sympathie und Zugewandtheit zwischen Gesprächspartnern vorliegen. Auch Aggressionen und Panikreaktionen können diese „ansteckende Wirkung" auf andere Menschen entfalten. In solchen Fällen können speziell geschulte Fachleute deeskalierend in das Geschehen einzugreifen, indem sie ganz gezielt positive Signale spiegeln. Auch bei Konfliktgesprächen dienen gezielt und absichtlich herbeigeführte Spiegelphänomene der besseren Verständigung.

Niemals wird es Ihnen mit Resonanz und Spiegeln körpersprachlicher Ausdrucksweisen gelingen, den Gesprächspartner zu einer Meinung oder gar zu einer Entscheidung zu bewegen, die er eigentlich ablehnt. Denn Spiegeln ist keine manipulative Strategie! Spiegeln ist eine natürliche Verhaltensweise oder eine absichtlich eingesetzte Methode, um die Beziehung zum Gesprächspartner zu stärken – eine Voraussetzung für Verständigung.

Paraphrasieren – Gesprächsinhalte mit eigenen Worten wiederholen

Wenn wir mit anderen Menschen kommunizieren, dann möchten wir zumindest in ihren Köpfen etwas bewegen. Im Grunde verfolgen wir mit jedem Wort, das wir sagen, ein bestimmtes Ziel. Jeder Mensch interpretiert die Welt und die Wirklichkeit auf Basis seiner Wahrnehmungen und vor seinem eigenen Erfahrungshintergrund. Wenn es darum geht, andere Menschen richtig zu verstehen, ist das Paraphrasieren ein wichtiges Hilfsmittel.

Beim Paraphrasieren geht es darum, dass Sie mit Ihren eigenen Worten wiederholen, was Sie von Ihrem Gesprächspartner verstanden haben. Ihre spiegelnden Worte geben dem Gegenüber die Gelegenheit, das Gesagte noch einmal zu bestätigen, zu korrigieren oder auch zu überdenken. Auch Sie selbst können durch das verbale Spiegeln Ihr Kommunikationsziel überprüfen und herausfinden, ob Ihr Gesprächspartner Ihre Aussagen ebenfalls richtig verstanden hat. Paraphrasieren hat, respektvoll und einfühlsam eingesetzt, einen deeskalierenden Effekt. Diese Methode verlangsamt den Gesprächsverlauf und gibt den Gesprächspartnern immer wieder Gelegenheit, sich der Richtung, die das Gespräch nimmt, bewusst zu bleiben oder zu werden. Ärger und Aggressionen können sinnvoll kanalisiert werden. Beide Partner können genauer in sich hineinhorchen. Durch Paraphrasieren entsteht eine Atmosphäre, in der konstruktive Kritik möglich ist und in der das Gespräch von der Problembeschreibung zur Problemlösung gelenkt werden kann. Wenn Sie paraphrasieren, können Sie auch den Kommunikationsstil der anderen Person spiegeln. Meiner Erfahrung nach ist die Kombination der drei Prinzipien Achtsamkeit, Spiegeln und Paraphrasieren insbesondere in Konfliktgesprächen außerordentlich hilfreich.

Kommunikation im Team

Es liegt auf der Hand, dass Resonanz für das Befinden des Einzelnen ebenso wichtig ist wie für das Team insgesamt. Alle Menschen brauchen das Gefühl der Zugehörigkeit. Wie schlimm es werden kann, wenn Menschen sich nicht mehr mit ihrem sozialen Umfeld verbunden fühlen, zeigen aktuelle Mobbingstudien. Für die Person, die absichtlich, systematisch und dauerhaft aus ihrem sozialen oder beruflichen Bezugssystem ausgegrenzt wird, bricht im wahrsten Sinne des Wortes eine Welt zusammen. Ausgrenzung bedeutet im Grunde die Verweigerung spiegelnder Verhaltensweisen im Alltag, so etwa, wenn von den KollegInnen plötzlich der Blickkontakt verweigert wird oder ein Gruß unerwidert bleibt. Unterbleiben Signale, die Verbindung schaffen, fühlt sich die betroffene Person wie von einer Eiswand umgeben. Menschen, die von einer solchen „Exkommunikation" betroffen sind, werden oft krank, denn mangelnde Resonanz wirkt sich negativ auf die Gesundheit aus (vgl. Bauer 2006, S. 16f).

Befriedigende soziale und emotionale Beziehungen am Arbeitsplatz basieren auf gegenseitigem Respekt, Lob, auf konstruktiver Kritik und wertschätzender Kommunikation. Sie basieren auf Resonanz. Als Team haben Sie über die direkte Gesprächssituation hinaus viele Gelegenheiten, aktiv für ein angenehmes Arbeitsklima zu sorgen.

Nutzen Sie das Wissen um die unterschiedlichen Wahrnehmungs- und Kommunikationsstile, um sich gegenseitig zu unterstützen. Schon ein Blickkontakt, den Sie vielleicht vorher vermieden haben, schafft Freundlichkeit und Nähe. Deutliche Anzeichen von Resonanz im Team sind das Vorhandensein von anregenden Gesprächen, ähnlichem Humor, gegenseitiges unterstützendes Verhalten und gemeinsame Interessen, die vielleicht auch über die Arbeitsbeziehung hinausgehen. Man könnte auch sagen: „Geteiltes Leid ist halbes Leid, geteilte Freude ist doppelte Freude!"

Elterngespräche und Elternabende

Auch im Hinblick auf den Kontakt mit den Eltern ist es erforderlich, sich um Resonanz zu bemühen, nur so gelingt ein offener Austausch.

Im Gespräch mit den Eltern

Mit den Eltern verbindet Sie das gemeinsame Interesse am Wohl des Kindes. Das bedeutet freilich nicht, dass Sie der selben Meinung sein müssen, wie das Wohl des Kindes zu erreichen ist. Im Elterngespräch begegnen sich oft Menschen mit sehr verschiedenen Werten, Überzeugungen und unterschiedlichen Bildungsvoraussetzungen. Deshalb: Schaffen Sie zuerst eine Verbindung zum Gegenüber und stellen Sie eine gemeinsame Wellenlänge her. Achten Sie auf Hinweise, die Rückschlüsse auf den Kommunikationsstil Ihres Gesprächspartners erlauben, und spiegeln Sie seine freundlichen nonverbalen Signale. Paraphrasieren Sie, um sicherzugehen, dass Sie die Ansichten Ihres Gegenübers richtig verstanden haben. Nur so können Sie ggf. unterschiedliche Erwartungen und Meinungen überbrücken und eine Vertrauensbasis schaffen, auf der die Eltern auch den Mut haben, Ihnen offen zu begegnen und wichtige Informationen über Ihr Kind weiterzugeben.

Wenn Sie es mit Eltern zu tun haben, die die deutsche Sprache nicht oder nur unzureichend beherrschen, kommt es vor allem auf die nonverbalen Signale an, um ein tieferes gegenseitiges Verständnis herzustellen. Natürlich sollten Sie sich im Vorfeld über spezielle kulturelle Eigenarten informieren. Es gibt kulturbedingt große Unterschiede im Gesprächsverhalten. Sie können nur mit einem hohen Maß an Einfühlungsver-

mögen, also mit Achtsamkeit und Resonanz, dem anderen Menschen „in seiner Welt" begegnen. Ihre Resonanzfähigkeit stärkt Ihre interkulturelle Kompetenz. Wenn Sie Ihr Verhalten behutsam dem Kommunikationsstil des Elternteils anpassen, werden Sie kulturspezifische „Kommunikationsfallen" umgehen. Durch Spiegeln öffnen Sie sich der Realität

Gehe nie aus einem Gespräch, ohne dem anderen die Gelegenheit zu geben, mit Dankbarkeit an dieses Gespräch zurückzudenken.

Adolph Freiherr von Knigge

Ihres Gegenübers; sie vermeiden Missverständnisse und sorgen für eine gute Gesprächssituation.

Elternabende und Versammlungen

Bei Meetings oder Elternabenden kommen stets unterschiedliche Menschen zusammen und Sie haben es dann mit verschiedenen Kommunikationsstilen gleichzeitig zu tun, die Sie beantworten müssen. Doch das ist gar nicht so schwer, wie Sie vielleicht denken.

- Sorgen Sie dafür, dass die visuell orientierten Personen klar sehen können, worum es Ihnen geht. Halten Sie hierfür Informationsbroschüren, Statistiken, Fotos oder andere visuelle Medien wie Powerpoint oder FlipChart bereit.
- Den eher auditiven Anwesenden sollten Sie Gelegenheit geben, sich dem Thema durch Fragen oder eigenständiges Wiederholen des Gesprächsstoffs zu nähern. Wie bereits entfaltet wurde, schätzen auditive Menschen anregende Diskussionen und Gespräche.
- Die vorwiegend kinästhetischen Personen brauchen wiederum Zeit, um sich mit der Gesamtsituation anzufreunden und warm zu werden. Um auch sie, die vielfach eher zurückhaltend sind, ins Gruppengeschehen einzubinden, macht es Sinn, sie immer mal wieder mit freundlichen Worten zu ermuntern und zur Beteiligung einzuladen.

In Resonanz am Telefon

Beim Telefonieren fehlen Ihnen und Ihrem Gesprächspartner die visuellen Informationen (es sei denn, Sie skypen). Umso wichtiger wird alles, was Sie hören können. Wenn jemand sehr schnell spricht, könnte dies schon ein erster Hinweis darauf sein, dass es sich um einen eher visuell orientierten Menschen handelt. Spricht Ihr Telefonpartner sehr melodiös und vor allem viel, könnte es ein eher auditiver Mensch sein. Ein eher kinästhetischer Mensch würde langsam und bedächtig sprechen. Achten Sie auf weitere Anhaltspunkte und darauf, ob Ihre ersten Vermutungen durch die Wortwahl Ihres Gesprächspartners bestätigt werden. Auch am Telefon können Sie den Kommunikationsstil spiegeln. Durch Paraphrasieren tragen Sie zum besseren gegenseitigen Verständnis bei. Bleiben Sie achtsam und lassen Sie sich nicht durch die Abwesenheit visueller Informationen zu Spekulationen, den Kommunikationspartner betreffend, verleiten.

In Resonanz mit Kindern

Wenn wir mit einem Kind tatsächlich in Beziehung treten möchten, haben wir gar keine andere Wahl, als uns in verschiedener Hinsicht auf die Ebene des Kindes zu begeben. Deshalb gehen wir beispielsweise in die Hocke und stellen so Augenhöhe zum Kind her. Um dem Kind bestimmte Sachverhalte verständlich zu machen, müssen wir uns selbstverständlich auch in unserer Wortwahl seinem Vorstellungsvermögen und seinem geistigen Niveau anpassen. Diese Spiegelungsakte sind unverzichtbar, um einen Zugang zum Kind zu finden. Alle neueren Forschungsergebnisse zeigen, dass Spiegelneuronen die Voraussetzung schaffen, mit dem Säugling (auch mit Kindern, Jugendlichen und Erwachsenen) in Beziehung zu treten. Umgekehrt müssen spiegelnde Impulse aus dem persönlichen und sozialen Umfeld an das Kind herangetragen werden, damit sich Spiegelneuronen im kindlichen Gehirn ausbilden können. Wird diese Chance nach der Geburt und in den ersten Lebensjahren nicht genutzt, kann dies die Entwicklung der Spiegelneuronen nachhaltig hemmen und ihre Funktion einschränken. Die Folge sind dann Defizite im Bereich sozialer Kompetenzen (Mitgefühl, Beziehungsfähigkeit), beim Erwerb von Wissen (Sprachkompetenz) und bei der Ausbildung des Selbstwertgefühls (vgl. Bauer 2006, S. 119).

Herausfordernde Kommunikationssituationen mit mehreren Beteiligten

Manchmal ergeben sich im pädagogischen Alltag Kommunikationssituationen, bei denen Sie plötzlich gleichzeitig auf die unterschiedlichen Kommunikationsbedürfnisse mehrerer Personen reagieren müssen. Plötzlich ist hier ein weinendes Kind, da eine aufgeregte Mutter, die dringend etwas mitzuteilen hat, und dort die Kollegin mit einer wichtigen Frage. Wie reagieren Sie am besten in dieser Situation?

1. Zunächst tief durchatmen und sich um Achtsamkeit bemühen.
2. Priorität definieren: Der „wichtigste Mensch" ist in den meisten Fällen das weinende Kind, dann folgen vermutlich die Mutter und danach erst die Kollegin. Wenn Sie die einzelnen Personen mit ihren jeweiligen Kommunikationsstilen schon gut kennen, antworten Sie auf ihr Kommunikationsbedürfnis in derselben Weise. Sind Sie sich evtl. in der Hektik der Situation nicht ganz sicher sind, dann ist Ihre Wahrnehmung gefragt (siehe die Kapitel *Kommunikationsstile bei Erwachsenen und Empfehlungen für das Gespräch,* Seite 23ff, und *Wahrnehmungswelt und Kommunikation bei Kindern,* Seite 48ff).
3. „Spiegeln" Sie die freundlichen oder neutralen nonverbalen Signale und Gesten oder das Sprachtempo des Gegenübers. Bemühen Sie sich um Freundlichkeit und ruhige Gesten und bleiben Sie präsent. Wichtige Gespräche verlangen einen eigenen Gesprächstermin, der für einen späteren Zeitpunkt vereinbart werden kann.

„Das notwendigste Werk" – Liebe, Respekt und Wertschätzung zum Ausdruck bringen

Erwartungshaltungen beeinflussen Kommunikation und Beziehungen

Kennen Sie den Pygmalion-Effekt? Er verdankt seinen Namen der griechischen Mythologie. Pygmalion war ein begnadeter Bildhauer, der sein Idealbild von einer Frau in Stein verewigte und sich dann in sein eigenes Kunstwerk verliebte. In seiner Verzweiflung bat er Aphrodite, die Göttin der Liebe und der Schönheit, sie möge sein Kunstwerk zum Leben zu erwecken. Aphrodite gab seinem Wunsch nach und die von Pygmalion geschaffene Steinskulptur wurde lebendige Wirklichkeit.

Mit dem sogenannten „Pygmalion-Effekt" ist gemeint, dass unsere innere Erwartungshaltung sowohl unser eigenes Erleben, als auch die Realität anderer Menschen stark beeinflusst. Der Psychologe Robert Rosenthal hat in den 1970er Jahren in einer Untersuchung nachgewiesen, dass die Vorstellungen und Erwartungen des Lehrers im hohen Maße das Leistungsniveau seiner Schüler steuern. Eine positive Erwartungshaltung seitens der Lehrkraft führt tendenziell zu besseren Leistungen beim Schüler. Eine negative Erwartung des Lehrers senkt dagegen das Leistungsniveau des Schülers. Diese Untersuchungsergebnisse korrespondieren mit den Erkenntnissen der Gehirnforschung zu den Spiegelneuronen. Es liegt auf der Hand, dass ein Lehrer in der Annahme, es mit einem hochbegabten Schüler zu tun zu haben, sich anders verhält, als wenn er glaubt, der Schüler sei ohnehin ein „schwerer Fall". In der positiven Annahme werden positive nonverbale Signale ausgesandt, der Schüler erfährt mehr Zuwendung und Bestätigung, infolgedessen glaubt er selbst mehr an sich und seine Fähigkeiten. Auf der hormonellen Ebene sorgt dieser Effekt für eine verbesserte Informationsverarbeitung im Gehirn (vgl. Rücker-Vennemann 2005, S. 55f).

All das wird durch die grundsätzlich positive Erwartungshaltung des Lehrers ange-
regt. Durch eine verbesserte Lernleistung fühlt sich der Lehrer in seiner Vorannahme bestätigt und der Schüler erhält weiteres positives Feedback seitens des Lehrers. Im umgekehrten negativen Fall entnimmt der Schüler den Blicken, Gesten und
auch aus der Stimmlage die negative Einschätzung des Lehrers, selbst wenn dieser
bewusst verbal keine negativen Prognosen abgibt. Der Schüler sieht im Lehrer
schon im Vorfeld sein Versagen gespiegelt. Es kommt Stress auf. Stresshormone
verhindern Lernen und den Aufbau neuer neurologischer Verknüpfungen, die zum
Lernen so wichtig sind (vgl. Rücker-Vennemann 2005, S. 112). Das Leistungsniveau
sinkt und der Lehrer sieht sich in seiner Vorannahme bestätigt, was den Schüler
wiederum negativ beeinflusst.

Zutrauen schafft Selbstvertrauen und beflügelt Kompetenzen

Mit dem Pygmalion-Effekt – auch Rosenthal-Effekt genannt – wird eines der mäch-
tigsten und eindrucksvollsten psy-
chologischen Phänomene beschrieben, die wir kennen. Dieses
Phänomen ist nicht nur im Hinblick
auf Lernsituationen, sondern ganz
allgemein für alle Beziehungen, insbesondere solche im pädagogischen
Kontext, bedeutsam, da es eindrucksvoll zeigt, wie sehr wir Kommunika-
tions- und Entwicklungsprozesse

> **Die größte Entscheidung deines
> Lebens liegt darin, dass du dein
> Leben ändern kannst, indem du deine
> Geisteshaltung änderst.**
>
> Albert Schweitzer

durch unsere Erwartungen steuern können. Je mehr Zutrauen Sie in die Fähigkeiten
der von Ihnen betreuten Kinder haben, desto größer deren Selbstvertrauen und
Selbstwertgefühl – eine unverzichtbare Voraussetzung für eine gesunde Entwicklung.

Wertschätzend kommunizieren

Wertschätzend kommunizieren bedeutet, entsprechend dem Pygmalion-Effekt mit einer positiven Erwartungshaltung ins Gespräch zu gehen, im Bewusstsein, dass Ihr Gesprächspartner mehr ist, als er/sie Ihnen im Moment zeigt. Vermeiden Sie daher schnelle Urteile und Bewertungen. Wertschätzende Kommunikation heißt, mit dem Herzen zu sehen. Im Umgang mit Mitarbeiterinnen und Kolleginnen bedeutet diese Grundhaltung (nonverbal) z. B. auch: „Du bist mir als Mensch wichtiger, als dieser blöde Streit, den wir gerade haben!" oder „Ich weiß, du hast viel mehr drauf, als du uns hier gerade zeigst!" Wertschätzung beinhaltet ein grundsätzliches Wohlwollen und steht im heilsamen Gegensatz zu jenem kritischen Blick, der uns im Alltag so sehr bestimmt.

Im Umgang mit Eltern bedeutet diese Grundhaltung (nonverbal) auch: „Selbst wenn mir Ihr Verhalten gerade ein Rätsel ist, ich bin davon überzeugt, dass Sie für Ihr Kind das Beste wollen – genau wie ich!" oder „Menschen menscheln, lassen Sie uns alles dafür tun, um miteinander einen guten Weg zu finden!". Wertschätzung ist eine Entscheidung, die bereits im Vorfeld des Gesprächs stattfindet. Wir können nicht alles für gut heißen und wir können auch nicht mit allen Personen einer Meinung sein. Darum geht es auch nicht. Die wertschätzende Kommunikation will vielmehr eine andere Ansicht ebenso gelten lassen wie die eigene. Es ist keine Kunst, alles Neue und Fremde sofort zu kommentieren, zu beurteilen und abzuwehren. Viel schwieriger ist es, dem Neuen und Fremden unvoreingenommen und akzeptierend zu begegnen und auf die eigene Selbstdarstellung zu verzichten. Ein befriedigendes Gespräch mit Menschen zu führen, die wir ohnehin mögen, fällt nicht schwer. Zu einem verständnisvollen Konsens mit Menschen zu gelangen, die so ganz anders sind als wir, oder von denen wir

annehmen, dass sie uns nicht wohl gesonnen sind, fordert uns dagegen heraus. Bemühen Sie sich also um eine wertschätzende Haltung und erwarten Sie von sich und anderen stets das Beste, es lohnt sich!

Auch im Umgang mit Kindern ist eine liebevolle, von Respekt getragene Grundhaltung unverzichtbar. Ein Kind sieht sich selbst in Ihrem Verhalten ihm gegenüber gespiegelt. Gehen Sie wertschätzend mit ihm um. Die (auf nonverbaler Ebene gesendete) Botschaft: „Du bist ein wunderbarer, liebenswerter Mensch!" fördert Kommunikation und Begegnung und vertieft Ihre Beziehung.

Kraftquelle Lächeln – Übung für eine wertschätzende Grundhaltung

Das bewusste Lächeln

Hierfür benötigen Sie zumindest in der Anfangsphase etwas Zeit und Ruhe. Schließen Sie die Augen und lenken Sie Ihre Aufmerksamkeit nach innen. Beobachten Sie Ihren Atem, wie er durch die Nase ein- und ausströmt, und dann – lächeln Sie! (vgl. dazu Rücker-Vennemann, Kraftquelle Lächeln, 2005)

Tatsächlich brauchen Sie keinen Grund, um zu lächeln. Selbst in sorgenvollen Zeiten und im Stress ist es möglich zu lächeln. Anfangs werden Sie sich dabei sicherlich merkwürdig fühlen und vielleicht nur die beiden Mundwinkel rechts und links etwas nach oben bewegen können. Um das Lächeln zu verstärken, können Sie sich eine angenehme Erfahrung oder ein schönes Erlebnis in Erinnerung rufen, die Sie leichter lächeln lässt. So wird auch Ihre Augenmuskulatur zum Lächeln eingeladen. Neurobiologische Forschungen haben gezeigt, dass unsere Stimmung der Bewegung unserer Muskeln folgt. Mit dem bewussten Lächeln setzen Sie eine Vielzahl neurologischer und hormoneller Organfunktionen in Gang: Die Gehirnzellen registrieren, dass Sie lächeln und werden veranlasst, sogenannte Glückshormone in den Blutkreislauf zu bringen. Diese Glückshormone sind die Gegenspieler der Stresshormone und sorgen dafür, dass Sie sich rasch besser fühlen.

Bei konsequenter Übung gelingt diese „Umschaltfunktion" und der Stimmungswandel immer schneller. Irgendwann werden Sie in der Lage sein, selbst mitten in einem schwierigen Gespräch kurz tief durchzuatmen und ein Lächeln „in Ihre Augen zu legen". Ihre Gesprächspartner werden dies nicht als „freches Grinsen" bewerten (es lächeln nur Ihre Augen), sondern als Freundlichkeit und Wärme. Gleichzeitig stabilisieren Sie sich selbst emotional.

Lächeln kann die Perspektive eines Menschen verändern. Von der Physiologie des Sehens her hat der eher ernste fokussierende Blick eine gewisse Härte. Er ist zielgerichtet, man behält ein bestimmtes Objekt im Auge und schließt ein anderes aus. Lächeln macht den Blick weich und mit den Augen entspannen sich Körper und Geist. Mit dem weichen, lächelnden Blick wechseln wir von einer kritischen und ausgrenzenden Haltung und Ausstrahlung zur Verbundenheit. Lächeln ist immer ein Anzeichen von Freude. Genau diese Gefühle werden in uns freigesetzt, sobald wir uns die Zeit nehmen und ganz bewusst (ohne Grund) einfach lächeln.

Bewusste Kommunikation in Gesprächen

Tipps zum Gesprächsverlauf (Zusammenfassung)

Vor dem Gespräch

Bereiten Sie sich auf das Gespräch vor, indem Sie sich mit einer oder mehreren Übungen (siehe Seite 73f) emotional stabilisieren. Sorgen Sie vor dem Gespräch für ein angemessenes Umfeld und gute Gesprächsbedingungen. (Gesprächsraum aufräumen, Getränke bereitstellen, Störfaktoren wie z. B. Telefon ausschalten ...).
Machen Sie sich im Vorfeld Notizen, um Ihr Kommunikationsziel im Auge zu behalten. Achten Sie darauf, dass Ihre bereitgestellten Unterlagen dem Kommunikationsstil der anderen Person entsprechen. Schreiben Sie sich einige Redewendungen auf, die dem Kommunikationsstil des Gesprächspartners entsprechen. Machen Sie sich Ihre Kommunikationsmittel bewusst: die Sprache, die Tonalität und Ihre Körpersprache.

Begrüßung

Sicherlich ist der erste Moment der Begegnung, die Kontaktaufnahme und Begrüßung, wichtig für den weiteren Gesprächsverlauf, aber er ist nicht alles entscheidend. Schenken Sie Ihrem Gegenüber von Anfang an Aufmerksamkeit und Wertschätzung und gleichen Sie die Art Ihrer Begrüßung dem Kommunikationsstil des Besuchs an. Wenn Sie Ihren Gesprächspartner noch nicht kennen, schärfen Sie die Wahrnehmung für seinen Kommunikationsstil und spiegeln Sie die freundlichen nonverbalen Signale.

Während des Gesprächs

Rufen Sie sich die Aussage des Weisen in der Geschichte von Meister Eckhart noch einmal ins Gedächtnis und machen Sie Ihren Gesprächspartner zum „bedeutendsten Menschen", bleiben Sie in der Gegenwart, respektvoll und wertschätzend. Spiegeln und paraphrasieren Sie. Halten Sie Ihre Notizen in Reichweite, damit Sie sich immer wieder daran orientieren können. Die Füße haben möglichst Bodenkontakt.

„Wo bin ich gerade? – Hier!" Atmen Sie tief durch – „Welche Zeit ist gerade? – Jetzt!"

Wenn Ihr eigenes Selbstwertgefühl beeinträchtigt ist, leidet auch die Kommunikation darunter. Achten Sie deshalb darauf, dass Sie Ihren persönlichen Leitgedanken vor Augen haben (siehe Seite 75).

Beendigung des Gesprächs

Sorgen Sie dafür, dass Ihr Gegenüber mit einem guten Gefühl aus dem Gespräch geht, auch dann, wenn Sie noch nicht zu einer gemeinsamen Lösung gefunden haben. Bedanken Sie sich bei Ihrem Gesprächspartner für seine Gesprächsbereitschaft, das ebnet den Weg zu weiteren Gesprächen.

Mit bestimmten Signalen und Gesten, z. B. Blickkontakt lösen, mit der Körperhaltung das „Spiegeln" auflösen oder ein Buch zuschlagen, können Sie die Spiegelaktionen behutsam beenden und das Gespräch einem Ende zuführen.

Nach dem Gespräch

Nehmen Sie sich im Anschluss die Zeit, um den Gesprächsverlauf noch einmal zu durchdenken: Was ist gut gelaufen? Wo gab es Missverständnisse? Wie fühlen Sie sich im Moment? Mit welcher Grundeinstellung sind Sie in das Gespräch gegangen? Konnten Sie achtsam und wertschätzend bleiben? Konnten Sie spiegeln? Haben Sie Ihr Kommunikationsziel erreicht? Oder haben Sie zu Ihrer eigenen Überraschung durch das Gespräch neue Einsichten und Erkenntnisse erhalten?

Denken Sie daran: Auch aus Fehlern kann man sehr viel lernen!

Die richtige Wortwahl

Worte können im Gespräch Verbindungen schaffen oder trennen, hinter Worten kann man sich verstecken. Mit dem Vermeiden oder dem bewussten Gebrauch bestimmter Worte können wir die Gesprächsatmosphäre und die Stimmung unseres Gegenübers positiv beeinflussen.

Das Wort „ich" statt „man" oder „wir" benutzen

Der Gebrauch des Wortes „man" oder „wir" dient häufig der Vernebelung eigener Bedürfnisse und Positionen, zum Beispiel:

- Statt „Jetzt würde uns allen eine Pause gut tun!" besser: „Jetzt brauche ich ein kurze Pause! Sie auch?"

Verknüpft ist damit bisweilen auch die Weigerung, Verantwortung für die eigenen Aussagen zu übernehmen:

- Statt „So etwas findet man im Allgemeinen nicht richtig!" besser: „Damit kann ich mich nicht einverstanden erklären!"

Oder es versteckt sich dahinter gar eine gezielte manipulative Absicht:

- Statt „Wir sind doch sicherlich alle der Meinung, dass ..." besser: „Meine Meinung ist ... Ich würde natürlich gerne wissen, wie Sie das sehen!"

Der Gebrauch von „man" oder „wir" erzeugt beim Gesprächspartner häufig ein Gefühl des Unwohlseins. Ihr Gesprächspartner registriert es, wenn Sie sich hinter einem „man" verstecken und keine klare Stellungnahme abgeben, oder fühlt sich durch ein verallgemeinerndes „wir" unter Umständen von Ihnen vereinnahmt und dadurch veranlasst, auf Abstand zu gehen bzw. Gegenargumente zu suchen.

Sorgsamer Umgang mit dem Wort „aber"

Denken Sie über die Verwendung des kleinen, „harmlosen" Wörtchens „aber" gründlich nach, *bevor* Sie es anwenden!

Beispiel:

- „Ich fand die Party superschön, aber der Sekt war warm!"
- „Der Sekt war warm, aber die Party war superschön!"

Bei dieser Satzgestaltung gilt: die Formulierung am Ende hinterlässt den bleibenden Eindruck! Bei der ersten Aussage wird das Gegenüber für sich mitnehmen: „Du hast dir viel Mühe gegeben, aber der warme Sekt hat alles kaputt gemacht!". Im anderen Fall bleibt die Botschaft hängen: „Der Sekt war zwar warm, aber die Party und die Stimmung und alles andere waren superschön!"

Beispiel:

Meist lässt sich das Wort „aber" ganz einfach durch das Wort „und" ersetzen:

- „Ich mag Ihr Kind, aber es ist manchmal sehr wild!" (negative Zuwendung)
- „Ihr Kind ist manchmal sehr wild, aber ich mag es!" (positive Zuwendung)
- „Ihr Kind ist manchmal sehr wild und ich mag wilde Kinder und ihre Power. Es geht mir darum, wie wir diese Power kanalisieren können!" (positive Zuwendung mit Lösungsangebot)

Das kleine Wörtchen „weil" vermeiden

Bei dem Wort „weil" schwingt häufig ein vorwurfsvoller Unterton mit. Das Wort „wenn" nimmt dagegen die Schärfe und die Anklage aus der Botschaft:

- Statt „Ich bin traurig, weil du so mit mir sprichst!" besser: „Ich bin traurig, wenn du so mit mir sprichst!"
- Statt „Es ist für die Kindergartenorganisation schwierig, weil Sie Ihr Kind so spät abholen!" besser: „Es ist für die Kindergartenorganisation schwierig, wenn Sie Ihr Kind so spät abholen!"

Positive Formulierungen

Sympathiepunkte sammeln Sie, wenn Sie anstelle von Verneinungen positive Formulierungen verwenden:

- Statt „Kein Problem" besser: „Das geht in Ordnung!"
- Statt „Das klingt gar nicht übel." besser: „Das ist eine gute Idee!"

Sie drücken Anerkennung aus und sind motivierend, wenn Sie das Wörtchen „erst" durch „schon" ersetzen:

- Statt „Du hast ja erst die Hälfte der Arbeit erledigt" besser: „Du hast ja schon die Hälfte der Arbeit gemacht!"

Auch Verhaltensänderungen erreichen Sie eher durch positive Formulierungen. Wenn Sie z. B. eine Mutter darum bitten, dass sie ihr Kind „morgens nicht immer so spät bringt", haben Sie noch kein Wort dazu gesagt, was genau Sie sich wünschen. „Bitte bringen Sie künftig Ihr Kind bis spätestens 9.00 Uhr, danach beginnen wir nämlich mit unserem Morgenkreis!" ist dagegen klar und unmissverständlich.

Im Umgang mit Kindern ist eine klare, positive Ansprache noch wichtiger:

- „Bitte sei leise!" ist viel besser als „Sei nicht so laut!".
- „Bleib bitte hier an meiner Seite!" ist klarer als „Lauf nicht weg!".

Übung macht den Meister

Kommunikations- und Rollenspiele für Erwachsene
Verschiedene Kommunikationsstile erproben

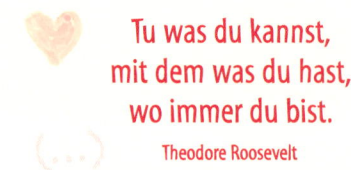

Tu was du kannst,
mit dem was du hast,
wo immer du bist.

Theodore Roosevelt

Mein Urlaub (Partnerübung – 2 Minuten)

Beschreiben Sie Ihrem Gegenüber etwa zwei Minuten lang eine angenehme (Urlaubs-)Situation

a) mit dem visuellen Kommunikationsstil
b) mit dem auditiven Kommunikationsstil
c) mit dem kinästhetischen Kommunikationsstil

Wechseln Sie danach die Rollen von „Redner" und „Zuhörer".
Beobachten Sie sich während der Übung, um zu sehen, welcher Kommunikationsstil Ihnen am vertrautesten erscheint und welcher für Sie am Ungewohntesten ist.

Verkaufsgespräch (Partnerübung – 2 Minuten)

Stellen Sie sich vor, Sie wollen ein Auto (Bild, Küchenmobiliar, Haus …) kaufen. Ihre Kollegin schlüpft in die Rolle der Verkäuferin.

1. Führen Sie das Verkaufsgespräch übereinstimmend
    - mit dem visuellen Kommunikationsstil
    - mit dem auditiven Kommunikationsstil
    - mit dem kinästhetischen Kommunikationsstil.

2. Führen Sie das Verkaufsgespräch mit unterschiedlichen Kommunikationsvorlieben:
    - Verkäufer: visuell – Käufer: auditiv
    - Verkäufer: auditiv – Käufer: kinästhetisch

3. Wechseln Sie die Rollen „Verkäufer" und „Käufer".

Sprechen Sie nach der Übung über Ihre Erfahrungen.

Spiegelübungen und Paraphrasieren

Spiegeln können Sie auf der **körpersprachlichen** Ebene die Körperhaltung, die Bewegungen und Gesten oder den Gesichtsausdruck, auf der **vokalen** Ebene die Sprechgeschwindigkeit und die Lautstärke und auf der **verbalen** Ebene typische Äußerungen des visuellen, des auditiven oder kinästhetisch geprägten Kommunikationstyps sowie alters-, sozial-, berufs- und regionaltypische Redewendungen. Die Gespräche bei den folgenden Übungen dauern jeweils nur wenige Minuten.

Die nonverbalen Kommunikationssignale spiegeln
(Partnerübung – 3 Minuten)

Zwei Personen setzen sich einander gegenüber (ohne einen Tisch dazwischen, der das Blickfeld einschränken würde).

1. Person A erzählt von ihrem letzten Urlaub (einem Klassentreffen, einen Witz) Person B hört aufmerksam zu und spiegelt vorsichtig alle Körpersignale (Haltung, Gesten, Bewegungen, Gesichtsausdruck …).

2. Person A erzählt …
   Person B hört aufmerksam zu und spiegelt keine Körpersignale.

3. Person A erzählt …
   Person B hört aufmerksam zu und spiegelt nur die freundlichen Körpersignale.

4. Tauschen Sie anschließend die Rollen und sprechen Sie über Ihre Erfahrungen.

Die verbalen Kommunikationssignale spiegeln
(Paraphrasieren – 4 Minuten)

Für diese Übung finden sich drei Personen zusammen:

1. Person A erzählt von einem Problem (Autopanne, Zahnarztphobie …).
   Person B beobachtet und veranlasst mit einem vorher vereinbarten

Zeichen in kurzen Abständen Person C dazu, das Gesagte mit eigenen Worten zu wiederholen.

2. Person A erzählt wiederum von einem Problem.
   Person B hört aufmerksam zu und paraphrasiert im Kommunikationsstil von A.

3. Tauschen Sie anschließend wieder die Rollen und sprechen Sie über das Erlebte.

Die nonverbalen und die verbalen Kommunikationssignale spiegeln (4 Minuten)

Für diese Übung finden sich drei Personen zusammen:

1. Person A erzählt von einem Problem.
   Person B beobachtet und veranlasst mit einem vorher vereinbarten Zeichen in kurzen Abständen Person C dazu, das Gesagte mit eigenen Worten zu wiederholen.

2. Person A erzählt von einem Problem (Autopanne, Zahnarztphobie), Person B hört aufmerksam zu, paraphrasiert im Kommunikationsstil von A und spiegelt die körpersprachlichen Signale.

Tauschen Sie anschließend die Rollen und sprechen Sie über Ihre Erfahrungen.

Wahrnehmungsschulung im Alltag

Alltagsbeobachtungen

Der ganz normale Alltag ist in gewisser Weise eine Art Bühne und bietet jede Menge Möglichkeiten, um visuelle, auditive oder kinästhetische Menschen zu identifizieren.

Talkrunden im Fernsehen

Auch Talkshows im Fernsehen sind diesbezüglich eine Fundgrube. Wenn Sie auf die nonverbalen Signale der einzelnen TV-Gäste achten, können Sie beobachten, wie Sympathie dazu führt, dass diese Spiegelphänomene auftreten. Es gibt auch etliche gut geschulte Moderatoren, die das Spiegeln körperlicher Signale geschickt einsetzen und während des Gesprächs mit den Gästen gezielt paraphrasieren.

Wahrnehmungsübungen für Kinder

Für die kindliche Entwicklung ist die Schulung der Sinneswahrnehmung äußerst wichtig. Unsere Augen, die Ohren, die Nase, der Mund und der Tastsinn übermitteln uns pausenlos Informationen aus dem Umfeld und sind sozusagen Fenster zur Welt. Eine geschulte Sinneswahrnehmung hilft den Kindern, nicht nur all die Reize und Signale aus der Umwelt genauer wahrzunehmen, sondern fördert auch die Aufmerksamkeit und Sensibilität in Bezug auf den eigenen Körper. Beides, die Wahrnehmung der Außenwelt und die Selbstwahrnehmung, sind nötig, um sich in der Welt und im Leben gut orientieren und angemessen reagieren zu können.

Wenn man bedenkt, dass es zwischen Wahrnehmung und Kommunikationsvermögen einen engen Zusammenhang gibt, wird klar, wie wichtig eine gut entwickelte Wahrnehmungsfähigkeit ist, die möglichst alle Sinne mit einbezieht. Kinder neigen (ebenso wie Erwachsene) dazu, sogenannte Wahrnehmungsschwerpunkte zu entwickeln, daher ist es sinnvoll, ausgleichend spielerische Übungen zur Wahrnehmungsschulung anzubieten, die auch die „vernachlässigten" Sinne trainiert. Verwiesen sei hier auf die sogenannten „Kim-Spiele", die nicht umsonst als „Wahrnehmungsturbos" bezeichnet werden. Auf eine detaillierte Beschreibung dieser Übungen möchte ich allerdings verzichten, da sie unter Pädagogen in der Regel gut bekannt sind und eine umfangreiche Literatur dazu existiert.

Das folgende Spiel aber halte ich für außerordentlich hilfreich zur Förderung der kindlichen Wahrnehmungsfähigkeiten, dass es hier näher beschrieben werden soll:

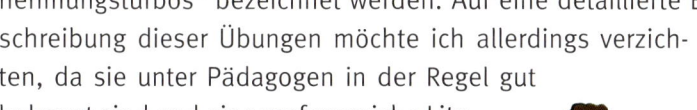

Der magische Spiegel (Partnerübung)

Spieldauer: variabel
Musik: leichte meditative Musik, die zu langsamen Bewegungen veranlasst.

Anleitung:

„Stellt euch einander gegenüber.
Einer von euch beiden beginnt ganz langsam, den Körper zu bewegen.
Das andere Kind ist der Spiegel, macht also alle Bewegungen nach.
Ihr seid dabei vollkommen still."

Variante:

Einigermaßen geübte Kinder können später auch Dreier- oder maximal Vierer-Gruppen bilden. „Der magische Spiegel" wird dadurch anspruchsvoller. Fühlen sich alle Kinder sicher und wohl mit diesem Spiel, kann sie der Auftrag anspornen, ihre Sache so gut zu machen, dass man nicht mehr erkennen kann, wer von ihnen die Bewegungen vormacht und wer reagiert.

Die Kinder lieben dieses Spiel und selbst Kindergartenkinder ahmen die Bewegungen ausdauernd und mit Begeisterung nach. Manchen Kindern fehlen zu Beginn die Ideen, sie wissen einfach nicht, welche Bewegungen sie vorgeben könnten. Aus diesem Grund kann man zunächst der ganzen Gruppe einige leichte meditative Bewegungen zeigen und alle Kinder ermuntern, der „Zauberspiegel" zu sein. So werden sie auf die Aufgabe eingestimmt.

Entwicklungsförderung

„Der magische Spiegel" schult die visuelle, die auditive und die kinästhetische Wahrnehmung gleichermaßen. Kinder lieben es, zu imitieren. Wie wir durch die Ergebnisse der Hirnforschung zu den Spiegelneuronen inzwischen wissen, ist dieses Nachahmungsverhalten ganz natürlich. Bereits wenige Tage alte Babys bringen es fertig, die Gesten ihrer Eltern zu imitieren. Auch zwischen Kleinkindern findet vielfaches gegenseitiges Nachahmen statt. In einem Alter, in dem sie die sprachliche Ausdrucksform noch nicht beherrschen, kopieren sie gegenseitig spontan das Verhalten. Setzt sich ein Kind einen Hut auf, setzt sich das andere Kind ebenfalls einen Hut auf. Lässt ein Kind einen Luftballon wirbeln, kreisen oder quietschen, macht es das andere ebenso.

Ein starker Zusammenhang zwischen Imitationshandlungen und verbaler Kommunikation wurde bei Kindern nachgewiesen. Je mehr solcher Imitationsspiele ein kleines Kind spielt, desto besser wird ein oder zwei Jahre später sein Sprachvermögen sein (vgl. Iacoboni 2011, S. 58ff), denn diese Spiele unterstützen die Entwicklung der Spiegelneuronen im Gehirn, die zur wichtigsten Grundausstattung des Menschen gehören. Im Hinblick auf ihre Funktionsfähigkeit gilt das Gesetz „use it or lose it". Wenn sie nicht bereits im Kindesalter gezielt benutzt und in ihrer Reifung unterstützt werden, gehen sie unausweichlich verloren (vgl. Bauer 2006, S. 57ff). Ohne Spiegelneuronen gibt es keine Kontaktaufnahme und keine Möglichkeit zu emotionalem Verstehen. Zur Imitation und Ausbildung dieser Zellen braucht das Kind den direkten Kontakt, die Beziehung und Impulse anderer Menschen; es braucht ein lebendiges menschliches Gegenüber.

Mit dem „magischen Spiegel" fördern Sie nicht nur die sinnliche Wahrnehmung. Sie trainieren damit auch die für die sozialen und emotionalen Kompetenzen und für die sprachliche Entwicklung so wichtigen Spiegelzellen. Und sie trainieren auf spielerische Weise einerseits die Fähigkeit, mit anderen Menschen Resonanz zu erleben und herzustellen, andererseits auch die Fähigkeit, sich aus dieser sozialen Verbundenheit wieder zu lösen und sich hin zur persönlichen Autonomie zu bewegen.

Schlusswort

Nun haben Sie dieses Handbuch durchgearbeitet und ich würde mich freuen, wenn Sie hier Anregungen gefunden haben, die Sie in Ihrem beruflichen Alltag umsetzen können. Es liegt mir sehr am Herzen zu betonen, dass alle Veränderungsprozesse – in uns selbst und um uns herum – Zeit, Geduld und Ausdauer erfordern, wenn sie nachhaltige Wirkung haben sollen. Es geht nicht darum, dass sie gleich morgen sämtliche Kommunikationsstile aller Kinder Ihrer Gruppe und deren Eltern bestimmen können. Wenn Sie aus diesem Buch ein Gefühl für die Bedeutung von Achtsamkeit und Wertschätzung ziehen konnten und sich von nun an morgens immer mal wieder die Frage stellen: „Wo sehe ich hier heute meine Prioritäten?" oder „Was ist jetzt wichtig?", ist das schon sehr viel. Wenn Sie durch dieses Buch so richtig neugierig auf die Sichtweisen anderer Menschen geworden sind, weil Sie nun wissen, dass jeder seine eigene individuelle Wahrnehmung und Wirklichkeit hat, ist viel gewonnen.

Dieses Buch hat sich mit den Grundlagen einer „bewussten" Kommunikation und der „gleichen Wellenlänge" befasst. Wenn Sie möchten, können Sie auf diesem Fundament aufbauend Ihr Kommunikationsrepertoire erweitern. Hierzu empfehle ich Ihnen die Methoden, die ich selbst im Laufe meiner beruflichen Laufbahn kennen- und anwenden gelernt habe. Die „klientenzentrierte Kommunikation" von Carl Rogers, das „Kommunikationsquadrat" von Friedemann Schulz von Thun, die „Fünf Kommunikationsmuster" von Virginia Satir, die „NLP-Strategien" nach John Grinder und Dr. Richard Bandler, sowie die „Gewaltfreie Kommunikation" von Dr. Marshall B. Rosenberg. Diese Kommunikationsmethoden habe ich sehr schätzen gelernt. Es ist eine wunderbare Erfahrung, wenn Kommunikation „gelingt". Dies gilt auch ganz besonders für den Bereich naher Beziehungen, also für Liebesbeziehungen. Wussten Sie schon, dass jeder Mensch – auch Sie – eine persönliche Liebessprache hat? Auch diese hat mit der auditiven, visuellen und kinästhetischen Wahrnehmung zu tun. Wenn Sie Ihre Kommunikation im privaten Bereich und damit Ihre Beziehungen verbessern möchten, empfehle ich Ihnen mein Buch „Lieben heißt die Welt verändern".

Bedanken möchte ich mich bei all den Seminarleitern, die mir das Thema Kommunikation nahe gebracht und in mir die Begeisterung für den Gegenstand geweckt haben. Auch bei all meinen SeminarteilnehmerInnen bedanke ich mich, die mit ihren Fragen, ihrer Kritik und ihrem Interesse an dem Thema stets eine große Bereicherung für mich waren und sind. Mein besonderer Dank geht an Heidrun Hammer und Esther Schäfer, die mir in der Schaffensphase des Buches geduldig zuhörten und mir mit Rat und Kritik zur Seite standen, und an Hildegard Kunz vom Don Bosco Verlag für Beratung und redaktionelle Bearbeitung des Manuskripts.

Die Autorin

Ursula Friederikje Rücker ist seit mehr als 25 Jahren als Yoga- und Mediationslehrerin und Psychotherapeutin (HPG) tätig. Sie bietet Vorträge und Fortbildungsseminare für Lehrerinnen und Erzieherinnen im In- und Ausland zu den Themen Entspannung und Bewegung, Stressbewältigung und Kommunikation an und hat zahlreiche Bücher veroffentllcht.
Kontakt: www.ursula-ruecker.de

Literatur

Bauer, Joachim: Warum ich fühle, was du fühlst? Intuitive Kommunikation und das Geheimnis der Spiegelneurone, Heyne, München 2006

Berckhan, Barbara: Leicht und locker kommunizieren. So finden Sie eine gemeinsame Wellenlänge, Kösel, München 2011

Iacoboni, Marco: Woher wir wissen, was andere denken und fühlen. Das Geheimnis der Spiegelneuronen, Goldmann, München 2011

Kobler, Hans Peter: Neue Lehrer braucht das Land - Kommunikation und Lernen - NLP in der Unterrichtspraxis, Junfermann, Paderborn 1995

Kutschera, Gundl: Tanz zwischen Bewußt-sein & Unbewußt-sein, NLP Arbeits- und Übungsbuch, Junfermann, Paderborn 1995

Losier, Michael J.: Das Gesetz der Beziehung. Wie Sie bekommen, was Sie wollen. In Harmonie mit anderen Menschen, Integral, München 2009

Luther, Michael & Maaß, Evelyne: NLP Spiele-Spectrum. Basisarbeit, Junfermann, Paderborn 1996

Molcho, Samy: Körpersprache, Mosaik bei Goldmann, München 1998

Rosenberg, Marshall B.: Gewaltfreie Kommunikation. Eine Sprache des Lebens, Junfermann, Paderborn 2005

Rücker, Ursula Friederikje: Lieben heißt die Welt verändern. Die transformierende Kraft der Liebessprachen, Via Nova, Petersberg 2012

Rücker-Vennemann, Ursula: Kraftquelle Lächeln. Ihr Schlüssel zu Gesundheit, Schönheit, Erfolg, persönlicher Lebensfreude und spirituellem Wachstum, Via Nova, Petersberg 2005

Rust, Serena: Wenn die Giraffe mit dem Wolf tanzt. Vier Schritte zu einer einfühlsamen Kommunikation, Koha, Burgrain 2006

Satir, Virginia: Selbstwert und Kommunikation. Familientherapie für Berater und zur Selbsthilfe, Klett-Kotta, Stuttgart 2011

Paul Watzlawick / Janet H. Beavin / Don D. Jackson: Menschliche Kommunikation - Formen, Störungen, Paradoxien; Huber, Bern 1969; ^{12}2011

Weltzien, Dörte / Kebbe, Anne: Handbuch Gesprächsführung in der Kita, Herder, Freiburg im Breisgau 2011

Vom Stress in die Balance

Der Erwartungsdruck bei Kindern, Eltern und Trägern sowie die Fülle an Aufgaben und Terminen, aber auch Hektik und Lautstärke führen bei ErzieherInnen oft zu Überforderung bis hin zur Erschöpfung. Wie pädagogische Fachkräfte ihre persönlichen Ressourcen stärken und dem Stress begegnen können, zeigt Gabriele Kubitschek mit vielen praktischen Tipps, Entspannungsübungen und Gute-Laune-Rezepten.

112 Seiten, kartoniert, S/W-Illustrationen
ISBN 978-3-7698-1916-8

Diese ansprechend gestalteten Anti-Stress-Karten sind eine Einladung, sich selbst Aufmerksamkeit zu schenken. Viele kleine Übungen für Körper, Geist und Seele, Entspannungstipps und gedankliche Impulse ermuntern ErzieherInnen, zwischendurch „Atempausen" einzulegen, und helfen, die eigenen Kräfte zu regenerieren und sich wieder in Balance zu bringen.

34 Karten, durchgehend farbig illustriert, in farbiger Pappbox
EAN 426017951 151 6

www.donbosco-medien.de

LEBENDIG. KREATIV. PRAXISNAH.

Wohlfühlräume für Kinder

Wie kann der Raum als „dritter Erzieher" den Bedürfnissen der Unter-Dreijährigen gerecht werden? Wie wirken Licht und Farbe, Einrichtung und Materialien? Margit Franz zeigt Raumkonzepte und gibt praktische Tipps anhand von pädagogischen Schlüsselsituationen: Ankommen, Bewegen und Spielen, Planschen und Experimentieren, Essen, Schlafen und Entspannen.

168 Seiten, kartoniert, Farbfotos
ISBN 978-3-7698-1960-1

Einen Großteil ihrer Zeit verbringen Kinder in ihrer Kita. Damit sie sich dort heimisch fühlen und vielfältige Lernerfahrungen machen können, brauchen sie Räume, die funktional sind und zugleich sinnlich-konkrete Erfahrungen ermöglichen. Das Buch beschreibt praxisnah die Bedeutung und Wirkung von Farbe und Licht, Akustik und Klima, Einrichtung und Materialien und zeigt, wie Kita-Räume kinderfreundlich gestaltet werden können.

156 Seiten, kartoniert, Farbfotos
ISBN 978-3-7698-1918-2

www.donbosco-medien.de

LEBENDIG. KREATIV. PRAXISNAH.